Catcher

一如《麥田捕手》的主角，
我們站在危險的崖邊，
抓住每一個跑向懸崖的孩子。
Catcher，是對孩子的一生守護。

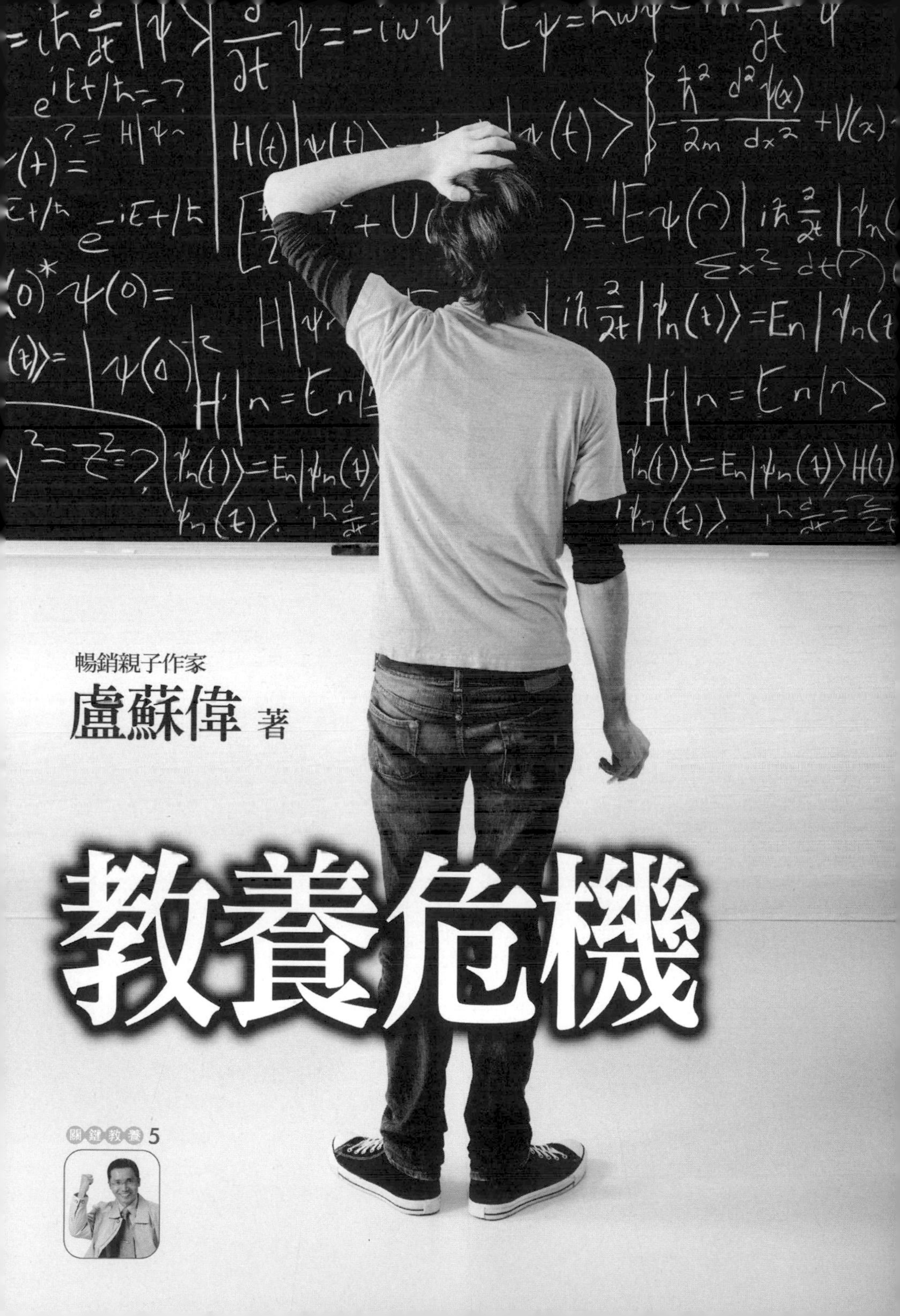

暢銷親子作家

盧蘇偉 著

教養危機

關鍵教養5

【自序】

愛是最關鍵的力量

就發展心理學上的理論，將人生發展週期自懷孕及胎兒一直到老年期，約可分八至十一個發展階段，各有其發展任務和危機；危機是就發展的階段任務未完成而言，因未完成將影響下一個階段的發展任務。

本書主要探討的是十六歲至二十二歲青少年後期的發展任務，在教養孩子的歷程中，父母應扮演什麼樣的角色，讓親子互動關係和諧，並用「對」的教養態度，做孩子最好的成長夥伴。這是一個孩子能否順利成為成熟並為自己負責的成年人，非常重要的階段；由於少子化，父母過度的關心和照顧，讓大部分孩子都呈現「幼齡化」現象，未能完成發展上的任務，扮演其應扮演的角色，導致二十幾或三十幾歲的人，沒有工作意願和謀生能力，整天窩在家裡仰賴父母照顧。最近幾年接到愈來愈多這樣的求助電話，我會一再的提醒父母，他們的孩子是個成年人，需要的是如何為自己負責，反而不需要父母的操心和管教；但許多父母無法了解，由於過度的保護，讓愛成為發展上的最大障礙，所以，這本書也提到了青少年前期和兒童期的例子，讓父母更能了解每個階段都有不同的角色，每個階段都有不同需求的「愛的進行式」。

什麼是真正的愛？就是讓我們的孩子有機會了解自己的角色和責任，為了自己的將來，主動積極的做最大的努力；關鍵之一就在父母身上，如何改變我們之前的教養態度，陪孩子一起成長，父母若不成長，將是孩子最大的障礙和危機喔！

預約孩子的未來，在這個階段，父母應準備送孩子什麼樣的禮物呢？外表已經是大人，言行卻常像一個小孩，什麼樣的成長經驗可以讓他們終生受用呢？我準備送給我的孩子一份關鍵的態度，讓孩子在這個階段帶著信心、毅力與勇氣，做一個勇於實踐夢想，並能為自己的志趣堅持到底的人。夢想和毅力會讓孩子的人生多采多姿，而我也準備讓他提升愛與被愛的能力，因為有愛和願意付出愛的孩子才是真正的富有和幸福，不論他的未來在哪裡，都有大大的天空可以選擇飛翔，不論他做什麼樣的事，都能讓我們安心。因為有愛，孩子的生命處處有貴人，將來他也會把我們和他所共有的希望和喜樂，分享給周遭的每一個人。

一個能分享愛與希望的孩子，我們還需要擔心什麼呢？為自己努力付出的孩子，還有什麼他得不到的呢？愛不一定會讓孩子在未來擁抱財富或擁有權力，而會讓孩子成為一個具有正面影響力的人，讓孩子走到哪裡都備受歡迎。

在十六歲至二十二歲的關鍵時刻，如果孩子的心裡只有書本和分數，或進這個學校、得那個證照，希望趕快在自己的名字上累積一些響亮頭銜，而未能充分學習到幸福和快樂的能力，並且不懂得愛人也不知如何被愛，那麼，再多的功成名就也將失去光采。這一個階段裡，若未得到父母的真正賞識、鼓勵和信任，孩子很可能會陷入「不知為了什麼而努力」的深度焦慮，他們會徬徨在難解的生命價值和意義問題，進而退卻他努力的意願和動力。因此父母所能做的，就是讓孩子學習做一個「有能力付出愛」的人，而不是一味的要求和指責！

這本書從家庭裡的傷痛談起，父母的愛未必是溫暖安全的，一不小心也有可能造成孩子揮之不去的傷痛。我列舉了一些故事，是想共同檢視和省思：我們真的會做父母嗎？我們的孩子真的幸福快樂嗎？若不是，也不要有太多的自責，我們的父母給我們的愛，或許原本就是有限的，所以，我們給孩子的愛也難免有失誤的時候。我們和孩子一樣都在學習與成長，並從這些錯誤中，不斷的自我提升。因為愛不是一個結果，它只是一個歷程和經驗，我們的付出未必全然與愛有關，在這個階段，父母要更謙卑、坦誠的讓孩子了解，父母的角色也處於不斷學習與提升的歷程。

我們已有十幾年為人父母的經驗，但我們仍然不知道要如何做一個稱職的父母；放下我們原先的態度，孩子也會放下緊張和壓力，愛才會重新流動，愛才會輕巧的疏通親子之間的鴻溝，讓我們建立嶄新的親子關係。

在這個階段，愛不再是給予，而是交流，爸媽不只要對孩子付出愛和關心，甚至要主動的向孩子要求我們應得的愛和回饋。愛如果沒有在家中流動，再豪華的家園，也只是一座空蕩蕩的建築，再多的存款，也只是一串冷冰冰的數字。我們的愛常常被不相關的事物和情緒垃圾所干擾，不要以為我們為孩子做得多，家裡就一定有愛，以愛為名的作為，常帶給孩子無形的壓力和造成難以言喻的傷痛。如果我們真正的愛自己和愛孩子，則必須重新學習「讓愛在家裡經常流動著」，愛就會成為無價的資產，家就會成為最安全的庇護所；有愛的家，孩子不需要讀名校，一樣充滿著信心，並為自己盡最大努力。

衷心祝福各位，在教養危機的關鍵時刻，能夠陪伴孩子度過，實現一份愛的奇蹟！

盧蘇偉　謹識

二〇〇八・一・三十一

目錄

Part 1

家會傷人

家是溫暖和庇護的地方，但也是最容易受傷的處所，許多人在成長過程遭受了傷痛，他卻未有知覺，以為家就是這樣。大部分人一生只經歷一個家庭，他不知道家還可以有別的選擇，還可以更幸福。我寫這些故事，不是要揭開家的傷痛，而是讓我們因比較和了解，能珍惜和感恩曾經給過我們恩典的家，也能因了解而知道如何才能經營更好更棒的家。

讓愛和溫暖成為家的最重要資產！

沒有男人的家

一個家庭沒有男主人，一切都變了樣，母親只能拚命工作而疏於孩子的管教，當問題出現時，又該怎麼辦？

凱勝因涉及機車竊盜案被移送法院，在調查個案時，我才發現凱勝是我保護管束中的凱勇的弟弟。他們是台東的原住民，為了生活來到台北，凱勝出生沒多久，爸爸就不知去向，媽媽一個人做粗工養育四個孩子，兩兄弟還有一個姐姐和讀小學的妹妹。我在戶口名簿上發現，妹妹的生父欄是一條直線，媽媽沒多說明，我猜大概是同母異父所生的小孩，我繼續看戶口名簿，這才驚訝的發現，勝凱三十六歲的媽媽已經當外婆了，因為家裡還有一個一歲多的孫子，我問了才知道是凱勝的大姐所生的孩子，孩子生下後就把他放在家裡，現在人也不知去向。

「媽媽，妳會不會太辛苦了！」

凱勝的媽媽對我的關心沒流露出特別表情，我知道她做粗工一天大概賺得一千到一千五百元，一個月能做二十天已經算很好了，兩至三萬元的月薪，扣掉付房租的一萬元，剩餘的錢可要養五個人！

「妳要工作，孫子誰來照顧呢？」

「他和凱勇呀！」

媽媽看一眼凱勝，他才讀國二，而凱勇國中肄業，現在跟媽媽四處工作，如何照顧那麼小的小孩呢？

媽媽可能看出我的疑惑，又補充說明。

「我去工作，凱勇看家和照顧小孩，如果兩個都工作，就叫凱勝不要去學校，如果太多天，就讓讀小學的妹妹留在家裡；兩個人輪流，不會沒人照顧啦！」

「讀小學的妹妹才三年級，怎會照顧這麼小的小孩呢？」

媽媽可能怕我找麻煩，馬上解釋，來自台東的原住民都住在附近，生活都互相照應，家裡不會只有小孩在，也有老人家可以幫忙照顧。等她把話說完，我才鬆了一口氣，但無論如何，勝凱的媽媽和我們照顧孩子的想法是有很大的不同，況且一個女人家要工作，又要照顧那麼多個孩子，真是不簡單！

凱勝的媽媽長期做粗工，皮膚黑身體結實，講話坦率不囉唆，一點都沒有因為自己的辛苦而哀怨掉淚，一副理所當然的承擔家計。我想起輔導凱勇時，有幾次和媽媽談話，自幼她的原生家庭就是媽媽一個人擔負整個家庭的大小事務，家裡有七、八個兄弟姐妹，兄弟只有失了業或犯了罪才會跑回家裡，平時對家也沒什麼責任。她受到原生家庭的影響，認為男人不會對家庭負責，女人應該承擔一切，這都是命！凱勝、凱勇也是如此，沒什麼責任感，但我滿好奇的是，姐姐為何會生了小孩丟下不管，她為什麼沒有承襲整個家族女人應該勇敢承擔的想法，而做媽媽的對女兒也沒有任何責備。我問到不知去向的女兒是否有寄生活費回家給她的孩子時，媽媽淺淺的嘆了口氣。

「有寄過啦，也有回來看過孩子。」

女兒曾經跟她說，她這樣做很不值得；她反問女兒，不然她要怎麼辦，把孩子丟掉？還是跑去自殺？日子再難過還是要過下去，她的媽媽養七、八個孩子，還不是都走過來了。有錢大家就吃好一點，沒錢就吃簡單一點，要不就少吃一、兩餐也無所謂。

我聽著媽媽的陳述，心裡有點悲涼感，可是她卻雲淡風輕的敘述著：她周遭許多家庭都有著同樣情況。男人是靠不住的，只能靠自己，不然能怎麼辦呢？

我的思緒突然停格，頭腦裡好像也浮不出什麼答案，一個四十歲不到的生命，經歷未婚懷孕、婚姻失敗，加上遇人不淑和子女的不懂事，而她都無怨無悔的承擔，我能多說些什麼呢？留在家鄉工作少、工資低，生活拮据又困難，她還不經意透露曾為了抵債，不惜和別人過夜，有幾個小孩可能就有幾個不同的爸爸。她似乎意有所指，不得已才生了最小的女兒，但我比較擔心的是，如果她不知道避孕，還有可能再生出更小的孩子；孩子愈多，她肩上的擔子就愈重，未來的路會更崎嶇。

最後我還是沒把建議她去做結紮或避孕的想法講出來，因為她是我輔導個案的家長，至少是個有肩膀和有責任感的媽媽，我也不忍再要求她多做些什麼。

關鍵小語

這位媽媽怎麼這麼笨，為何那麼辛苦，又有什麼理由要生那麼多孩子來折磨自己，為何要放過不負責任的男人呢？

我曾試著幫她找回一點公道，但每次和她見面，我什麼也說不出口。她不覺得自己受到委屈，不認為她的爸爸、先生、兒子、女兒的男朋友，有什麼不對，一切都是她自己願意承擔，沒有人強迫或勉強過她。我如果以我的主觀價值來影響她，讓她知道可以為自己爭取權利，她真的爭得到嗎？她的生活一定會更好嗎？最後我決定不打擾這位讓我心疼，卻幫不上忙的媽媽，我只能在我輔導的個案身上，在凱勝、凱勇的輔導裡，讓他們能認知一個男人該負的責任，別再以為沒有責任的男人是應該的，或是女人就是應該這樣的，諸如此類的想法。

檢視一下我們源於家庭的許多想法。我不認為西方教育的男女平權認知一定就是正確的，我比較喜歡用直覺來判斷，是否要接受或捨棄原生家庭給予的觀念：對爸媽給我們的觀念，我們願意接受嗎？不要去問父母的想法和感受，我們只問自己，這些想法讓我們感受得到幸福嗎？我們也希望孩子依循我們的觀念，過這樣的生活嗎？如果不是，我們新的選擇又會是什麼呢？怎樣的家庭是我們期待的，我們如何才可以擁有我們想要的家呢？

我不認為父母的觀念一定適用在我們身上，而我們可以重新選擇我們要的。要對自己的選擇負起責任，不幸和痛苦，大多是我們自己的選擇，不應該全部歸責於原生家庭和父母；我們選擇了自己的人生道路，一切都由我們自己做決定。你可以選擇父母對你的期待，你可以選擇要不要進入婚姻，你也可以選擇要不要生下孩子，一切，都能由我們自己決定！

誰該負責任？

如果親子之間都認為自己很倒楣，彼此成為生活的羈絆，相處情況會每況愈下；若能多多體諒對方，了解現實情況，衝突就不會愈演愈烈喔！

「我很倒楣！為什麼我要做妳媽媽啊！」

「我才倒楣！被妳這樣的人生出來！」

「妳去死掉算了！」

「妳自己為什麼不去死！」

我在談話室正要準備輔導個案資料，聽到走廊上母女吵架的聲音，趕緊出來看看是不是我今天早上約要調查的個案。

「妳是沈又萱嗎？」

她瞪我一眼，一旁的媽媽態度馬上轉變，一臉笑意的代替女兒回答，而又萱擺出一副傲慢的模樣，看著走廊的窗外。我還有事要辦，也為了緩和她們的情緒，我拿了空白的表格給又萱，要她和媽媽分開坐，免得兩個人又起了衝突，我也拿了一份家長的評量給媽媽填。兩個人都有事要做，安靜了好一會，我忙完了先和媽媽談談。

媽媽未坐定，話也沒說，眼淚就不聽使喚的流了下來。

她先生因生意失敗又賭博負債，讓她整天都要被債主找麻煩，全家就靠她在餐廳做服務生兼洗碗的收入維持。家裡兩個孩子，老大還算乖，尚能守本分的念高職，老么又萱從小就愛漂亮，又叛逆，國中輟學了許多次，現在都還沒念完，逃家期間因涉及傷害案件被移送法辦，責付之後也未返家，又再度逃家，媽媽因法院的通知去找她，好不容易找到後才勉強把她帶來，所以剛剛又萱會不高興的鬧情緒。媽媽為了找她，一個晚上都未好好休息，情緒煩躁不安，但她都盡量的克制自己，有問必答。她覺得做人好難，她不懂，做先生的就安心工作照顧好家庭，做孩子的就安分守己的讀書，那麼簡單的事，為什麼大家都做不到？因為自己該做的事都做不好，就會牽累別人，一起受苦受難。她心裡很不平衡的說，自己為什麼會這麼不幸，小時候沒有好家庭照顧就算了，結婚之後先生不盡責，孩子又這麼不聽話，說著說著，她的眼淚又忍不住的湧了出來……

「有時好想死掉，我覺得生活好累、好苦！」

媽媽的情緒幾近崩潰，但她還是壓抑著，不敢讓自己的怨恨一股腦的宣洩出來。我經常遇到類似的輔導場景，可是不知道自己能幫上什麼忙，當下我只能聽她把話說完而已。

「媽媽，辛苦您了。」

「辛苦如果有希望就值得，像我這樣辛苦只是在『拖命過日子』，拖一天算一天，還好有個兒子，目前還算不錯……」

「文霖嗎？」我看著戶口名簿，指著長子的名字問。

媽媽勉強擠出了一點笑容，點了一下頭。

「還不知道會變得怎樣，希望以後能知道孝順。」

sometimes,
it hurts.

我和媽媽談完，再單獨和又萱談話，經過了一段時間，又萱已不像剛剛那樣的怒氣沖天。

「媽媽讓妳覺得很不舒服，所以妳很生氣嗎？」

又萱的怒氣因提到媽媽而又再度升起，她指責媽媽從小就不愛她，只會管東管西，要什麼都不行、都沒有，她要這樣的父母做什麼？別人的父母都是寵女兒，要衣服有衣服、要手機有手機，她身上的所有東西都是靠自己賣檳榔賺來的，只會打她、罵她、管她的爸媽能做什麼？

「我相信妳的爸爸媽媽，真的沒有好好愛妳、照顧妳，但我也相信他們不是故意的，如果有能力，他們一定會好好的愛妳。」

又萱談話中都是以物質和金錢在衡量父母的愛，我想這和家庭環境有很大的關係，因為爸媽生活中都是為了錢在煩惱、起衝突，夫妻、親子互動談的都是和錢有關的問題。我不責怪又萱的現實和絕情，她的想法來自爸媽的教養過程。

「有一天，妳也會長大，也會做別人的媽媽，妳會期待自己做怎樣的媽媽呢？」

「我才不要自找麻煩，養小孩很累，養大了不聽話，不是自找罪受。」

「妳現在講的是妳媽媽嗎？」

又萱沉默了一會，有些感傷的說：「她自己活該，賺錢不會自己花，還幫我爸還什麼賭債！」

「妳的意思是媽媽應該棄家不顧，不管先生和孩子的死活，賺錢養活自己就好了嗎？」

她對我的回應似乎有些不滿，瞪了我一眼。

「對待孩子當然要負責，誰叫她要把我生下來！他們都沒有盡到責任，只會啐啐唸，動不動就要打要罵。做她女兒很辛苦、很倒楣。」

「當妳媽也很辛苦和倒楣，不是嗎？」

又萱一臉的委屈，淚水滑落下來，她告訴我好多同學和朋友，有爸媽疼愛，常到他們家看到一家和樂融融，她就很恨自己的爸媽，為什麼這麼不爭氣，沒錢就算了，整天夫妻就是吵個不停，有誰願意回這樣的家，有誰忍受得了！

「妳不快樂，妳因為家而受委屈了，這個家對不起妳，但……沒有人想要自己的家變得如此。」

因為有這樣的家，所有人都因它受苦，媽媽也是受害者。

「都是我爸的錯，他是個壞蛋，該去死！」

又萱的情緒非常激動，終於忍不住的大聲哭了出來！

我看著又萱因哭泣全身抖動的身體，心中一陣陣的痛，在這個談話室裡，看見、聽見家庭的傷痛都來自先生和爸爸的角色，男人真的都是那麼壞嗎？一個不負責任的男人，他快樂嗎？我的腦海裡交錯浮現，苦悶抽著菸沉思，或在賭桌上專注緊張，期盼自己要大贏一把，拿著酒瓶猛灌酒，或傴僂獨行於黑暗巷道，躊躇是否該走回往家裡的路。一張張灰濛濛的畫面，男人都是沉著臉，即使事業得意的男人，光采的臉上總夾帶著一絲憂鬱。男人真願意自己是個不負責任的先生或爸爸嗎？

「我相信妳的爸爸也希望做一個能讓孩子以他為榮的好爸爸，可惜他沒有努力做到。」

「他沒有努力！他整天都無所事事、喝酒打牌、罵人打人，他哪有努力？」

又萱愈講愈氣憤，緊握著拳，話都要打結了。

「爸爸快樂嗎？妳多久沒見過妳爸爸臉上有笑容呢？」

「我才懶得理他！大爛人！他都不在乎我們，誰管他死活啊！」

又萱講得很真實，先生或爸爸的角色，許多男人連自己都搞不定，更別說投注心力、理會家人過得好不好；一個在家庭互動過程受創的孩子，如果期待她做一個有能力諒解和支持父母的人，似乎有點奢求，因此我退而求其次，讓她做懂得照顧自己的人。

「我不在乎妳的父親，我在乎的是妳，又萱妳快樂嗎？妳喜歡現在的自己嗎？」

「快樂個屁！每天要站十幾個小時，要忍受那些沒水準的色男人，和可惡找麻煩的警察，為了錢所以要強裝笑臉，你會快樂嗎？」

她又激動了起來，打開包包想拿菸出來抽，突然想到這是法院，有點懊惱的把碰著菸的手放掉。

「你可不可以不要講這些屁話，我要走了可不可以？」

她似乎還不了解她現在的身分和我所做的事，我花了些時間解釋她傷人的案件，以及她當負的責任。

「我真的不知道這個社會為什麼都是在欺負我們，被打的那個人是要非禮我耶，如果我不找朋友打他，讓他再來找我麻煩，難道要我等著被他強姦是不是？」

我解釋被害人非禮她，她可以依法提出告訴，讓他得到懲罰；但她教唆傷人是觸法的，她和她的朋友要為自己侵害他人的行為負責，而且她未成年長期逃學、逃家是虞犯的行為，法院也是可以審理的。她聽完我的話，稍微收斂傲慢態度，可是一副不耐煩的樣子還在。我以她的立場給她做了些建議，她的無禮，在審理時是很不利的，她應該讓法官多了解被害人要非禮她，她基於防衛和義憤才傷人，這樣她不但可以幫助自己也可以幫助她的朋友減輕刑責。

又萱把這段話聽了進去，態度緩和了許多，最後也在我的勸說下和媽媽道歉，儘管她仍堅持不肯回家住，至少她留下了可以連絡的電話，讓媽媽能隨時連絡得到她。母女離開時雖沒有再惡言相向，但仍保持相當的距離。我要媽媽多照顧好自己，要多給孩子一些時間和空間，她才會學著懂事。

我站在窗台上看著她們穿過人行道，又萱走得很急，唯恐媽媽會多嘮叨。媽媽跟她走了一段路，在紅綠燈口就往各自要去的方向離去了。在家庭裡誰是受害者，又是誰的錯，是誰要負最大責任呢？

每個人應該都要負責，否則為什麼一個家庭一不小心，就會被一個男人毀了呢？

關鍵小語

誰該負責任？

家成了煉獄般的地方，誰願意如此？

我們都清楚知道：一個家庭的男主人最該負責，但他是故意成為家裡的禍害，還是他也曾希望成為帶給家庭幸福的英雄呢？或許他沒有能力，或許是他不知道，一個家最重要的幸福是愛而不是錢。

一個沒有責任的男人來自什麼樣的背景呢？為什麼有些男人遇到困難就退縮逃避，甚至於暴力欺負自己的妻小呢？如何才能避免讓我們的家庭，再培育出大「爛」人來危害另一個家庭呢？過去的我們改變不了，我們如何從現在開始讓一個男人學會為自己及家庭負責呢？悲情認命的女人是無法讓一個製造困擾的男人轉變，什麼是可以讓一個男人轉變的動力呢？

愛是唯一的道路；但愛不是無止盡的縱容，愛是讓一個男人在責任中看見幸福，而不是痛苦。愛是讓一個男人能在被需要、依賴、信任的過程中，自動自發的付出所有並得到感恩，一個家有良性的循環，才能讓一個男人明白，做一個有責任的男人，才能得到他期待的幸福和尊嚴。或許身為女人會這樣抱怨：「為什麼男人就不能自己覺悟呢？」男性是比女性難以理解愛，生物的性別角色中，女性的懷胎和生產過程，男性只是配角，因此男人需要更多機會去學習與成長，才會了解愛是什麼。

再給這些男人一次機會，用求助和感謝來激勵他們，會比嘲諷和責備容易喔！

溺死男人的愛

為人妻為人母，最怕的就是把滿滿的愛全都傾倒在先生和孩子身上，太多的愛往往會造成負荷，而且還會壓垮自己喔！

思賢是我朋友的孩子，單純的家庭和獨子的背景，應該是最幸福的，但他卻像是個囚犯，隨時都在父母的掌控中，讓他痛苦不已。小學時候他還能接受爸媽凡事必問必管的方式，上了國中之後他動不動就對媽媽說：

「很煩耶！」

「走開啦！」

「可不可以閉嘴！」

最近他更變本加厲，常會不經意口出惡言：

「閃！」

「滾開！」

「賤！」

媽媽常被氣得全身發抖，爸爸剛開始還有一點威嚇效果，最近爸爸也失控了，多次父子一言不合就要動手，一百八十公分高的思賢，對上少自己十幾公分的爸爸毫不退讓，他原本還有些保留的表達不滿，最後態度愈來愈差，父子幾乎反目成仇，一個進家門，另一個一定躲進房裡，有話都要透過媽媽傳達，父子一有什麼不悅就找媽媽發脾氣，媽媽能夠理解孩子是進入青春期才出現反抗行為，步入中年的爸爸也跟著叛逆，這就不可理喻了！

媽媽被這兩個大小男人搞得精神衰弱、失眠不安，最近常無緣無故的暈倒，送醫也未檢查出什麼疾病。她自覺一定有什麼重大疾病未檢查出來，否則為什麼經常全身痠痛，動不動就感冒發燒、腸胃不舒服、呼吸困難，尤其是當她突然站起來，就會全身無力的癱倒在地。

幾次經驗之後，很奇怪的是，家裡的氣氛轉變了，對峙的父子少有斥責和粗暴的場面，在她住院觀察期間，爸爸一下班就會到醫院陪她，思賢突然懂事起來，不僅上課未再遲到，功課也都自動完成，每天還會電話問候，幫媽媽準備愛吃的煎餅，爸爸若沒心思管他，他還會主動關心爸爸會不會太累、太辛苦。

思賢的爸媽無法理解，一個叛逆不懂事的孩子，何以會因為媽媽住院一個星期而突然轉變了呢？

媽媽原以為自己不在家的一個星期，家裡會亂得像垃圾堆一樣，結果當她回到家卻發現垃圾有人倒，衣服也有人洗（只是品質差了些，沒有她親手做來得乾淨）；媽媽原想自己動手，可是一站起來頭就暈眩只好作罷。想差遣他們父子清理一下廚房的油垢，話到嘴邊就咳個不停，所以，只好讓這兩個粗手粗腳的男人全權處理，她什麼都沒有力氣做，只好不斷感謝、再感謝。他們父子在這段期間內沒有鬥嘴，還會主動的分配工作，輪流陪媽媽去散步、運動，逗媽媽開心。

媽媽不懂，難道是她得了絕症，醫生沒有讓她知道，否則平常她又忙又累，父子倆從未幫過什麼，現在她什麼都不必做，父子非但和平相處，還把她奉為女王來服侍，難道美麗的幸福是出現在夕陽時刻嗎？

她複診時特別要醫生坦白告訴她，是得了什麼嚴重的病，醫生也不敢篤定的說她一定沒病，只說以現在的醫學知識來診斷，她除了精神上壓力過大而有些心身症的現象，基本上是健康的，因此要她多運動少操勞。媽媽更不懂了，她沒有病，他們父子也都沒有問題，所有的問題，都來自她管太多、做太多嗎？

關鍵小語

答案揭曉，因為思賢媽媽的生病，父子才有機會親近和關心她，平時父子還沒開口就會先挨一頓嘮叨，現在的媽媽生病了，周遭的朋友，有人找她去健康俱樂部運動，有人找她晨間跳舞，也有人找她逛街買東西，她比以前更忙，家沒有以前潔淨，但家裡三個人的互動更緊密。

最後她告訴我們一個結論：要做個懶女人比較容易得到幸福，因為家事做得少，對家就有點虧欠，只好不斷的致歉和感謝，沒想到先生和兒子，比以前更主動和積極的參與家事，兒子的叛逆也沒了，先生也少有發脾氣的機會。

現在她一有空就告訴其他的媽媽，女人不可以太賢慧，要「閒閒什麼都不會」，幸福才會靠近我們喔！

「真是這樣嗎？」

媽媽在家庭擔任的角色很重要，傳統觀念裡，女人要勤勞賢慧、要溫柔、要體貼，但媽媽如果沒有把自己照顧好，只是一心一意想要做好家事，身體過度勞累，容易產生許多怨言和指責，讓家裡的男人感到焦慮和不安，做出粗暴的言行，因而製造許多的問題。反之，一個經常需要別人幫忙體諒和協助的太太和媽媽，才會讓男人的愛有了正當的出口，愛才容易在家裡流動。

如果愛只有單向，則會因沒有流動，而溺死在家裡的那幾個男人喔！

實習爸爸

當一個爸爸，真難！又要能輕鬆談笑風生，又要能嚴格不苟言笑；孩子心目中的「全能老爸」在哪裡呢？

文傑是我輔導的個案，他的爸爸是難得一見的高學歷的家長，剛開始我被他的謙虛和用心感動。因孩子使用贓車，他必須陪著孩子一再來法院開庭，接受輔導，他都毫無怨言的一一配合，而且對法官及保護官交辦的事項，都幫孩子裝訂得整整齊齊（一般我們見到的家長，常把交給他們的表格資料亂塞一通、皺成一團）。

第一次見面，他國立大學財經系畢業的學歷引起我的注意，他目前是一家銀行的襄理，我稱讚他很有成就，但他的反應讓我驚訝。

「很慚愧，國立大學是混畢業的，裏理不是什麼管理階級，只是櫃台後面的辦事員，很沒面子混了十幾年，還是這種小職位，我的同學做總經理、副總的一大堆，當大老闆的也有好幾個。」

「文傑爸爸，您謙虛了，每一個行業的每一個職位都有它的重要性，貴公司少了您，恐怕業務都會亂成一團。」

他告訴我他們很不容易請假，要找代理人很困難，每個人都占一個位置，一請假別人就要做兩份工作；但孩子犯罪是父母的責任，陪孩子來法院是不能避免的，文傑的媽媽在家裡工作，時間雖比較有彈性，若由媽媽陪文傑來法院，則有違他一家之主的責任。

後來在輔導的過程中，我發現文傑並不是如外表感覺那般內向害羞的孩子，他和同儕間的互動，活潑有趣，在老師和父母面前，卻是沉默不語。父親節前夕，我們的作業是一張父親的畫像及真心告白，文傑把父親畫得有稜有角，嚴肅而沒有笑容。他的真心告白是：我的爸爸是一家之主，是一個主觀、一意孤行、自以為是，很難溝通和親近的人，表面上他是民主的、尊重家人的人，而實際上是個獨裁的暴君，不准孩子有和他不一樣的想法，還不准媽媽到外面工作；我的爸爸是雙面人，是個穿著紳士外衣的演員，他真正的身分是個……

文傑沒寫完，他遲疑了許久，最後他把前面寫的字劃掉，在後面加上了一行「他是我爸爸；我認識他，卻也不了解他究竟是什麼樣的爸爸。」

「文傑，謝謝你那麼用『心』寫這份作業！」

大部分的爸爸鮮少被孩子所了解，他是一家之主，卻不是這個家的真正主人。

我和文傑談到祖父母和爸爸的關係時才了解，不希望自己的家像原生家庭那樣沉悶和疏離的爸爸，卻不知道該怎樣去改變家庭相處模式，所以就複製了自己眼中見到的父母親角色。文傑的爸爸是個被祖父母操弄的演員，他並沒有詮釋好他自己真正期待的一家之主。

「文傑，如果是你，你會期待自己是怎樣一個爸爸呢？」

「能和太太、孩子有說有笑的爸爸，一個不會讓孩子害怕，能夠親近的爸爸。」

「怎麼做才能做到你口中這樣的爸爸呢？我很想知道。」

文傑猶豫了好一會，他的答案至今我仍在思量。

「就是一個不像爸爸的爸爸。」

文傑告訴我，他爸爸最大的問題，就是太像一個爸爸。

他覺得爸爸偶爾要輕鬆、隨便和「脫線」一點，有時要像個朋友，有時要像個隔壁鄰居叔叔，有時要像個隱形人，當然有時要像個爸爸！家裡有急難和危機時要像超人一樣，就像文傑犯了錯，他就不放心媽媽陪他來，他覺得媽媽不夠堅強，不值得信賴；但爸爸在他熟悉整個事件後，就該退場去做他自己的事，不要那麼緊張的要堅持陪著。就像小時候媽媽為了照顧他而辭去工作，在家工作兼照顧孩子，孩子長大了爸爸卻又擔心媽媽工作會被騙不准媽媽再度就業。文傑覺得爸爸一個人工作的薪水，只能勉強維持家用，為什麼不讓媽媽工作幫忙賺錢呢？

「爸爸要像個百變戰士，隨時符合家人的需求嗎？」

文傑很想說是，但這對爸爸又似乎有點苛求，他嘴角動了一下卻沒有聲音發出來……

關鍵小語

爸爸放輕鬆！

即使我們是百變戰士，我們還是不會被孩子百分之百的滿意，所以，放下我們要做一百分的期待，決定做一個永遠實習的爸爸。為人夫的角色我們還在學習，因為夫妻彼此都是成年人較能彼此體諒；但為人父的角色，好像很難如孩子多元變化的期待。我告訴我的孩子，我和他一樣都在學習，所以，我不想當正式的爸爸，我永遠在學習，希望他永遠容許我不如他的期待。

我的孩子也自願要做實習孩子，要永遠的學習、改善和不斷自我提升。夫妻、親子之間如果少了苛求，永遠保持一顆實習的心，相信許多難解的問題，都不會在我們身上出現。我們有什麼理由，「不會要裝會，不懂要裝懂」呢？做父母是永遠的學習和永遠的提升！

陪孩子一起長大

學習做個稱職的父母是一輩子的課題；夫妻相處的模式也同樣會帶給孩子重大的影響喔！

「媽，妳很煩，妳知不知道！」

「小儒，你說什麼？我好意從樓上追下來提醒你，你竟然說我煩？以後我都不理你了，我不要當你媽了，你去叫別人媽好了！」

「媽，妳真的、真的、很煩、煩、煩！」

林太太是我認識多年的鄰居，我常在下樓時遇到她和孩子爭吵，她總是莫可奈何；她常和孩子起衝突，也似乎習慣了孩子這樣對待她。

「盧老師，青春期的孩子都會這麼叛逆嗎？」

「小儒這算叛逆嗎？他都要上學了，妳還不放心的從樓上追下來交代事情，他或許只是想讓妳知道，妳這樣做讓他不舒服而已。」

「他說那麼多個煩耶！如果他不是我兒子，我才懶得理他呢。我提醒他別忘了問老師，關於課後輔導的事，他這是什麼態度啊？」

小儒已經是國中生了，媽媽還把他當小學低年級的學生看待，一件事總要千叮嚀萬交代，媽媽的解釋是孩子常粗心大意，而且非常被動，所以，她才要不厭其煩的盯著他。

「如果妳是我媽，我可能會有更激烈的反應。」

我分析讓小儒覺得不舒服的原因：第一，一件事重複的提，他會覺得不被信任，如果他真的忘了他也不會感謝媽媽的提醒；第二，一個青春期的男孩，常會有許多稀奇古怪的想法，媽媽講話的方式和口氣常會惹到他，讓他覺得不耐煩；第三，通常孩子只會對媽媽粗言粗語，直來直往，因為他是媽媽生的孩子，他信賴媽媽可以諒解他，但這樣互動的模式不好，母子雙方都會覺得不舒服。

Thank you for always standing by my side.

「那要怎麼做呢？我每天都快被他們父子氣死了，對我都沒好口氣，他們有脾氣，我也有啊！」

男人和女人講話的模式是很不同的。男人比較想知道事情的重點和解決問題的答案，他們不想聽一些無關緊要的廢話，如果他們感覺不舒服，就會大吼大叫、發脾氣，常常為自己一觸即發的脾氣感到困擾，但男人並無惡意，他們只是想讓別人知道「我現在正不舒服，別再打擾我」；女人則比較細膩，通常會依情緒的變化過程來描述事情，著重於過程、細節，並且反覆的思考，然而「想太多」的女人常常會不小心觸怒了男人，讓他們覺得不舒服。

「你們男人不舒服可以發脾氣，女人不舒服只能躲著偷偷流眼淚。」

「我的說法不是想替妳家的男人找發脾氣的藉口，而是想讓妳了解並好過一點，免得常常受男人的氣。」

有些男人會在成長過程發覺到自己的性格和習慣，會不斷成長改善，但大部分男人是不會改變的；因為沒有人讓他知道他處理情緒的習慣，會讓他的媽媽、太太和孩子，受盡了委屈。

「小儒如此的叛逆，我該怎麼辦？」

小儒的確需要教導，媽媽則需要先做改變，孩子已經長大，有屬於他的學習生活和他自己可以處理的事，媽媽要慢慢放手，由他自己負責，如果小儒有情緒性反應，媽媽只要讓他了解，他的情緒和不舒服被接收到了。

「妳不妨謝謝小儒，然後停止說教，再觀察他有什麼反應。」

孩子逐漸長大，到了小學高年級，我們事前要有心理準備，放開我們的手準備讓孩子獨立飛行。尤其上了國中，爸媽要退居孩子的後方，讓孩子學習做決定，並為自己的決定負責。男孩子的教養尤甚如此，父母愈晚鬆手，孩子就會愈被動，而沒有責任感。

「如果孩子犯錯或交到壞朋友，走上不好的路該怎麼辦？」

人都有趨吉避害、追求快樂，逃避痛苦的本能，一個人沒有別人幫他分擔責任，他才會全神貫注的關心自身問題；我們的孩子大多被照顧過多，失去了自我警覺和為自己努力的本能，我們的孩子若只為父母老師讀書、寫功課、做好應該做的事，我想這是很可悲的。

「我的結論就是：為孩子做得愈少的父母，才是愈好的父母，這也是我常提醒自己的話。」

至於孩子的粗暴態度，要在生活中慢慢的導正，提醒或教導、責備孩子；孩子第一個反應不是否認、辯駁，而應是謝謝願意提醒、教導他的人，從生活中不厭其煩的練習，直到孩子每一次都先感謝，再解釋自己的行為；因為孩子在人際之間的互動習慣，將影響未來各種發展的機會。送給孩子一生最好的禮物，就是發掘他有人見人愛、被人喜歡和信任的特質。

聊到一半，我的孩子匆匆忙忙的從樓上衝下來，和我們打個招呼後，就急忙要到學校，而他的書包、手提包，都塞得鼓鼓的。每天他都幾乎要在遲到前的一分鐘才下樓，我忍不住的要對他叨叨唸，但話才到嘴裡，看著林太太的眼神，我又馬上把話吞了回去。

「怎樣當父母？說得容易，妳看看我們家的孩子，父母要學習的還很多……」

話還沒講完，已經走一段路的他，一不小心跌倒，東西散落了一地，我

「啊」了一聲！

林太太忍不住笑了出來！

「做爸媽都是一樣的，我們一定要忍住，孩子的事由他自己負責，一定不要為他多操心。」

看看時間，買一份報紙卻花了我半小時，自己上班都要遲到了。和林太太分享之後，我覺得沒有人是真正會做父母的；我們都在學習如何做一個父母，如何提供比較好的教養品質給孩子。就讓我們陪著孩子一起長大吧！

關鍵小語

分析別人的家庭問題，總是比較容易。每一個人談論別人的夫妻關係或親子問題，都會像個專家般說得頭頭是道，輪到我們看待自己的家庭，卻常會束手無策。沒有人是家庭問題的專家，專家只是「頭腦知道」，但未必能夠身體力行。我總是提醒自己，提供別人建議時多保留一些彈性，多給予一些了解和尊重，生活中許多時候，我們也會拿錯劇本，演出壞角色；生命是不斷的經歷和學習，上一個片刻，孩子若有什麼錯誤演出，都別太在意，因為我們也經常在犯同樣的錯誤。

孩子每天都在學習成長，我們怎麼可以永遠當個小學生或幼稚園學生的爸媽呢？

孩子長大了，父母也要跟著一起長大，學習做一個愈來愈輕鬆，愈來愈快樂的父母喔！

聽見生命的祝福

如果孩子有心事卻沒說出，父母要以適當的引導與耐心的等待，取代爭吵與不耐煩；讓孩子敞開心房，所有的問題才會迎刃而解。

峻明是我多年的好朋友，有一天他們夫妻邀請我到他家作客，午飯吃到一半，他們讀高一的孩子書明，才一臉不高興的開門進來，也不理會媽媽的招呼，看到有客人來家裡，就更加不高興，連招呼都沒打就進房裡去了。我從小看書明長大，最近因為大家都忙，少有機會接觸，兩、三年沒見面，如今他已經是個一七五公分的大孩子了。媽媽起身要去勸書明出來吃飯並和我打聲招呼，而我怕事情會弄得更僵，建議暫時讓他冷靜的獨處，我們把他的飯菜留著，待會我們吃完，就到外面散散步，喝杯咖啡。

峻明夫妻會請我吃飯，就是為了書明這寶貝兒子，他們夫妻對他一點辦法都沒有，媽媽用憂傷的心情陳述著書明的狀況：他在國中各項表現都尚穩定正常，對自己的未來充滿著期待和希望，誰知道因為學測沒考好，讀了私立高中，書明整個人都變了，不僅把沒考好的責任全怪到父母頭上，還動不動就發脾氣、摔東西、不吃飯、不回家，不論爸媽用什麼方法和他溝通，他都把爸媽當仇人一般的看待，動不動就說自己「沒有前途，不會有希望」，爸爸氣不過，兩天便前狠狠的教訓他一頓，沒想到他還頂嘴，氣得爸爸差點動粗要揍他。

書明的媽媽一口咖啡也沒喝，說著說著眼淚就掉下來了，爸爸則坐在一旁，一臉無奈。夫妻倆，一個是科技公司的高階主管，一個是技術學院的教授，平日在工作上都有非凡的表現，為什麼遇到孩子的教養問題，就一點辦法都沒有呢？我的眼前浮現著幾年前兩家人各帶著孩子一起出遊的幸福影像，為什麼才一轉眼，孩子上了國中，所有的幸福都成了惡夢呢？

「都是教改的錯！改來改去，還是要考試、還是要分數，書明如果不要失常，能順利考上好學校，我想他今天也不會變成這樣。」爸爸終於打破沉默了，講出了心裡的感慨。

「也不能都怪教改，我們小時候不就是這樣一路考過來的，或許是我們把孩子寵壞了，讓他像顆草莓，經不起任何碰撞和挫折。」媽媽緩和了一下情緒，把自己剛剛紛亂的情緒，做了一點整理，也表達了和爸爸不同的意見。

我喝了一口咖啡，心頭紛擾著，我的孩子剛上國中，兩、三年後的命運會是如何呢？我也思索著該怎麼切入話題，怎樣發揮我的角色和功能，讓峻明一家人能重新回到幸福的路上。

我的孩子小他們的孩子三歲，尚未進入叛逆期，誰知道他未來會有什麼「特別」的演出，面對老朋友，我又不能表現得像個專家，針對問題直接給予建議，也不能和他們一起唉聲嘆氣……

我毫無頭緒的深嘆了一口氣。

「當父母真的不容易，雖然盡心做了所有的努力，但未必一切都如同自己期待，孩子會一步一階的往我們所期待的路上走。謝謝你們的分享，讓我在面對孩子時能有比較充分的準備。」

我把剛剛看到書明的感覺，以及這兩個多小時和他們夫妻相處的談話心得，做了一些分享：書明和爸媽都有相似的挫敗經驗，爸媽這陣子不好過，書明也陷入水深火熱的學習煎熬之中，沒有一天是好過的。基測成績不如理想雖是主因，但失落的情緒未能妥善調適，造成自己不斷被負面情緒汙染，才是真正問題的根源。一次考試的失誤，對長遠的生命而言，未必是負債，而且可能成為重要的資產，如果我的成長是和一般人一樣的順利，我想我的生命會失去許多經驗和機會；書明考試失誤不是惡運的開始，更不是人生的灰色起點，轉捩點在於彼此能給對方多一點關心和了解。

成績好不好固然重要，但更重要的是，彼此的心情好不好，方才在家裡我沒有和書明接觸，而且很快的用完餐帶爸媽離開家裡，就是想把今天的不愉快畫下「停損點」；午餐既已受到打擾，我不想損失更多，況且我不想和書明心中的不愉快經驗聯結上。

在午餐時大家情緒都不對，是不可能對談出什麼好結論的，所以，給彼此多一些時間和空間，為下一次的見面預做準備。書明在家見到我的反應，已經告訴我別靠近他，別管他的事，更別講些好好用功，要懂得做人做事的大道理，否則，他會把我和爸媽的不愉快算在一起！所以，我怎麼能不識時務的趕快吃完飯，讓出一個可以讓他獨處吃飯的空間，盡快帶著爸媽閃人呢？

「難道孩子都不要教嗎？你看著他從小到大，現在竟然連一點基本的禮貌都沒有！」爸爸對我的做法有些疑惑，但也不忘表達對我的歉意。

「當然要教囉，只是不是現在，這時書明心情不對，一堆不愉快的過去經驗在翻擾，爸媽心情也不對，就算請了個專家想迅速修補已經破損的親子關係，不論怎麼做都得罪兩方，更何況書明已經過了午餐時間，一個餓肚子的人是不會想聽人說教的。所以，只能再等下一次，或許有機會聊一聊。」

爸媽不能急著要改變什麼，一個男孩是不容易被言語說服的；多給他一些時間去和自己對話、沉澱，他找到了自己要的答案，就會走出一條路。書明現在要的不是教導，而是了解，他國中三年日夜努力，卻什麼也沒有得到，落到要去就讀爸媽和自己都不滿意的學校，誰又安撫過他的心痛和難過呢？考不好他願意嗎？哪個孩子不願意父母以他為榮，視他為家中的榮耀和希望呢？考試的變數太多了，在那麼急促和匆忙的有限時間內，要保持思路清晰和冷靜謹慎，而且還要符合出題老師的思維邏輯，這實在不容易；現在的考試不是八十分或九十分就算好，而是科科必須精準無失誤，只要一科多粗心一、兩個地方，多錯幾題，公立高中就沒希望啦！孩子三年來犧牲玩樂和睡眠的時間為課業努力，假如全毀於一旦，誰能諒解他們的挫折和痛苦呢？

專家可以對教育高談闊論，那是因為他們的孩子都已經長大不用再考試了，但我們的孩子仍處於基礎教育之中，哪一個父母真會漠不關心孩子的成績和所就讀的學校呢？

「我們該怎麼辦呢？書明的挫敗是全家的災難，唉！」

爸爸一定做了許多努力，也受了許多委屈，平日在公司處理事務的自信，在面對孩子問題的時刻，他只期待一帖立即有效的藥方，讓他不用再為書明分心和煩惱，而書明需要的則是爸媽多花一點時間和了解。

「書明沒考好，並不是挫敗，而是另一種成功，另一種人生的體驗和學習，它不是災難，而是學習機會。」

爸媽的想法不改變，書明的心情就不會好轉；事情沒有好壞，只有在於想法相不相同。面對不符合期待的事，如何從中看到契機和希望，如何保持積極的態度，奮發向上，才是父母帶領孩子的正確態度。

過去已不能改變，未來仍充滿機會和希望，上天賜給書明和爸媽一個學習自我提升的機會，為什麼要放棄這樣的歷程，一心只想有個如同自己期待的結果呢？

「有好的心情才有機會創造美好的經驗，有好的過程才會有好的結果。」

事件本身沒那麼重要，重要的是我們的心情，我們的心情決定於我們的想法（是積極正向，還是消極負面的）。把已經遠離這個家很久的愛找回來，就可以重建我們的家庭和希望。

一個午後的談話，峻明夫妻心情也逐漸放輕鬆了。書明沒考好學測和叛逆過程，似乎已不再是話題，後來我們聊的都是怎樣讓自己在這個紛擾的社會中好過一些。我不是專家，我只是一個因孩子的存在，而有機會學習父母角色和幸福的平凡爸爸，結束和峻明夫妻的聚會，我已和我的孩子約好要一起去河濱公園騎車。

當父母有誰是專家呢？用心陪孩子走一段學習之路吧！

關鍵小語

許多家長都是自覺挫敗，自認為不是稱職的父母。我不知道好的父母和稱職的父母是誰發明的說法，每個父母都是唯一而無法比較的，沒有誰是比較好或拙劣的；賞識孩子的父母，孩子便會深受他們的執著和看法影響，進而得到感動與鼓勵，不管孩子怎麼看待這個世界，他們都是獨一無二的。父母的努力改變不了孩子，就像他們的努力也不能改變我們，因此父母不但要多多賞識孩子，也要記得賞識自己，彼此不需要有什麼改變，因為我們一直都是如此的獨特和完美，我們的孩子也是一樣獨特和完美。

生命的旅程始終帶著祝福和恩典，可是我們不明瞭，總是期待最好的事物發生在我們身上。上天總是有巧妙的安排，祂給了第一名亮麗光采，卻沒收了他的自在和快樂，讓他無時無刻都要為害怕失去第一名的頭銜而深感焦慮；祂給第二名及以後的人謙卑和進取，只要保持著一顆永遠上進的心，默默堅持著努力的態度，絕大部分人都會受到上天的祝福！

Part 2

沒有愛的家

一個家裡當然有愛，但有些家庭的愛常常是不在的，雖然爸媽為孩子盡了許多責任，孩子也為了爸媽做許多努力，這些事表面上都是為愛而做，事實上它們卻都與愛無關，甚至以愛為名而夾帶著傷和痛。

在這一章裡，我們就一起來檢視大家都為愛而忙碌，卻沒有愛在家裡流動的真實故事。

一切都是為了你

家庭關係決定了孩子的一生，再多的風風雨雨，只要父母能夠成熟面對問題的癥結點，終究會有雨過天青的時候！

銘澤因暴力案件接受我的輔導，從他的外表上很難理解，為什麼他會如此凶殘的打架，而且對象還是自己的親生父親。銘澤的外表白淨斯文，對人謙和有禮，有一次來報到時，另一位少年，因一點小衝突而辱罵他三字經，他竟一句話都沒說，也沒表示出憤怒。事後我問他為什麼不生氣，他告訴我是對方誤解了他，他只是罵罵髒話，也沒太過分。

「我不明白，你的生父對你那麼好，為何會因小事而對他重重出手，要置他於死地呢？」

銘澤雖想要辯駁，卻馬上低頭沉默不語，他慢而用力搓著雙手，在他心裡，那個事件仍未過去，他並沒有因此就原諒了他的生父。

「銘澤，你還是不能原諒你的爸爸嗎？我可以多了解他做了什麼樣的事，讓你如此的恨他呢？」

「嗯，沒什麼好說的。」

銘澤的媽媽並未和他生父有正式婚姻關係，生父以要生兒子為由和媽媽同居，銘澤是兩個家庭中唯一的男孩，大媽和同父異母的姐姐，由於爸爸對他的看重，所以對他都客氣有加。長期以來，他都和媽媽同住，爸爸一週來看他們兩、三次，早期爸爸工廠經營得很順利，大家都相安無事，最近因他爸爸虧損連連，每月的生活費都拿不出來，媽媽只好出去工作維持生計，父母就常因金錢的問題而爭吵，媽媽認為銘澤的生父不只沒有提供生活費給他們，還要來找麻煩，銘澤的生父則認為，他供養他們那麼多年，是禽獸也懂得感恩回報。最近生父要賣掉他們現在所住的房子，家庭間爆發嚴重的衝突，這也是銘澤會動手傷害他父親的主因。他和媽媽雖在整個事件中是同一陣線，但母子間也因此常出現一些衝突。

「銘澤，你最近心情有好一些嗎？」

因為爭房子的事，弄得一家形同仇人，銘澤捍衛媽媽是理所當然的事，但他內心裡卻有著很大的矛盾和衝突：他一方面同情媽媽，另一方面又覺得媽媽很勢利無情，她對爸爸有錢時的態度和沒有錢時的態度是完全的不同。他無法了解平日媽媽給他的教導，只是說說而已嗎？難道他也要學他們，說的和做的各有一套嗎？他常困惑也感到厭煩，目前我是他唯一可以傾吐心事的對象，而我鼓勵他有什麼就講什麼，這樣才可以澄清自己混濁的內在。

「做人真的有那麼難嗎？」

銘澤難掩內在的紛擾，一臉痛苦，所以我向他分析：每個人的每一個片刻都在改變，我們卻誤以為人是固定不變，所以常會對別人的變化不定感到失落。他最難接受從小至今媽媽一受委屈，都說是因為銘澤才會發生的；甘心做人家的「小老婆」，拚命和他爸爸爭房屋的所有權，也是為了他，好像媽媽所受的任何痛苦都是因他發生。他十分的生氣，難道媽媽不是為了爸爸的錢，自己才願意委身做妾嗎？媽媽現在每天要辛苦工作，回家還要做家事，一切辛苦都是為了銘澤，銘澤認為，是不是他消失在這個世界上，媽媽就可以不用再受苦，就可以過著幸福快樂的生活。銘澤低頭說出壓抑許久的感受和想法，把內心深層的話，帶著淚水宣洩了出來。

「你願意把你的想法講出來，我很高興！」

我的手輕搭著他的肩膀，教他盡情的用眼淚把情緒發洩出來，他哽咽的喃喃自語：有許多次想要離家出走，想要自殺死掉，但又覺得媽媽唯一的希望就是他，他如果離開她，她一定會活不下去！銘澤覺得自己活著只是為了給媽媽希望，他只是個傀儡，他覺得很假、也很不真實！

銘澤非常難得的願意把想法讓我明確的了解。我感謝他的信任並告訴他，他和媽媽都是不了解自己真正需求和想法的人，他們所做的一切都蘊含著不敢也不願面對的需求。我們想要依靠別人，所以會找一些合理化的藉口，減少自己的付出和辛苦。如果當初媽媽不是因爸爸的有錢，可以讓他們生活無虞，我想她會更謹慎處理自己的情感，今天也不會覺得奉獻了自己的青春，卻不能繼續得到依靠而感到不值得；當初爸爸為了自己的情慾，用金錢和物質換得了媽媽的感情，他們的相處只是個交易，最後卻希望能獲得感恩和回饋；而銘澤因為這段家變，由一個寵兒，淪為為了錢去四處打工受盡委屈的窮學生，因此把所有的不滿全怪到爸爸身上。

假如我們都拋除自私，心存感恩的面對一切，事情就會變得簡單和容易。

「感恩這些遭遇所帶給我們的成長機會，一切將不是災難，而會是個恩典，有這些事的發生，讓我們的生命更加豐富。」

銘澤剛剛憤恨和不平的心，已被淚水洗滌而漸漸平緩和放鬆。一個人不舒服時，會習慣指責別人，這是正常的自我防衛機能，但只有勇於面對自己內在的期待和失落，為自己的不舒服負責，並感恩所有的一切，我們才可以從事件中自我解脫和成長，否則，我們會讓紛擾盤據我們的內心世界，永不得安寧。

銘澤沒有告訴我他接下來會怎麼做，我也沒再多說什麼。看著他柔和的眼神和微笑，我很放心他會有能力，為自己做最好的決定。我看著他的背影，心中默默給了他最大的祝福！

關鍵小語

從銘澤的例子，想想我們的家：我們和家人在一起時，最常談起的話題是什麼，是期待對方或指責別人，還是祝福和感恩呢？如果我們認為別人為我們所做的一切都是應該的，就會變得貪得無厭、心生怨恨，就會是個既貧窮又可憐的人。不論我們現在處境如何，都要心存珍惜和感念，因為現在的境遇都是一時的，一切都會成為過去，珍惜任何難得的學習機會，我們的生命會因為這樣的珍惜，而帶來更多的愛和幸福！

愛需要距離

愛需要一點點距離！調整一下心態和情緒，對家人付出的時候就不會那麼沉重、那麼不情願喔！

「諒解妳的媽媽不懂得如何愛妳！」

雯萍是我輔導的個案，已經滿十八歲了，讀書時因為和媽媽嘔氣而逃家輟學，後來因為一再違反規定，被裁定撤銷保護管束，執行了感化教育，出來之後照樣為了和媽媽賭氣，再度逃家，被協尋找到後，她寧可回輔育院，也不願回家。被關很痛苦，回家面對媽媽是更大的痛苦，為什麼呢？

「妳想繼續被關，就為了懲罰妳的媽媽，不了解妳和不愛妳嗎？」

雯萍生長在一個單親家庭，爸爸因家暴事件而和媽媽離婚，媽媽得一個人扛起所有的家計，但每天工作十餘個小時，卻得不到孩子的諒解和認同。我曾和媽媽有過幾次的見面和談話機會，對這樣一個為家付出、招來滿身傷痛的媽媽，心中有許多不捨，然而她很難理解的是，她付出那麼多，為何讓先生和孩子得到的不是愛而是滿身的痛呢？

雯萍被收容的那段時間，大概是她們母女關係最好的時刻，媽媽在家總惦著雯萍的好，雯萍被關在少年觀護所，也不斷懺悔自己的不應該，也感念媽媽對她的種種關心和付出。在輔育院的一年多，母女透過書信往來，傳達的都是令人感動的訊息，但何以雯萍一回到家不久，母女關係就迅速惡化到如仇人一般呢？

雯萍低著頭，抿著嘴不發一語，她心中百感交集，期待的不是責備而是了解。她也不願這樣，可是媽媽講話和習慣的互動模式，不僅讓她不舒服，而且會讓她有莫名的憤怒；愛可以在隔著玻璃的少年觀護所和書信往來之間流動，為何近距離的面對面互動，就會讓母女彼此抓狂呢？

「我不知道為什麼，對我媽媽會這樣沒耐心，而且媽媽也對我很沒耐心，

@manda.
Lo 08.3.11

我話才一出口，她從不讓我講完……」

雯萍眼淚流了下來，欲言又止，她難以理解，為什麼母女常為了自己的一丁點不舒服，而對彼此大吼大叫，甚至竭盡所能的要讓彼此痛苦。

「妳沒有做錯什麼，妳只是在表達複雜的情緒而已。」

雯萍十八歲了，她十四歲時我開始輔導，至今我做過許多的努力，只希望她能了解，媽媽要改變她是不可能的，她也別想改變媽媽什麼，彼此需要了解自己的需求和在什麼樣的位置和距離，用什麼樣的表達方式才不會激怒對方，讓彼此不舒服。人一覺得不舒服，防衛機轉就會啟動，就會指責對方、攻擊對方，合理化我們的情緒，尤其對待我們的至親，情緒會更加直接，言詞會毫不保留的發洩出來。

我相信媽媽事後也會後悔當時自己的衝動，然而一再的衝突，已經讓母女厭倦了分分合合的遊戲。

「我愛我的媽媽，也心疼媽媽的辛苦；她是個好媽媽，但她講話實在很酸、很傷人！」

「雯萍妳也是個好女兒，很想做個貼心、讓媽媽放心的女兒，但妳對媽媽講話也很酸、很傷人！」

「是我媽媽先這樣的，而且我也只對我媽媽會這樣。」

「再一次的諒解妳的媽媽。她從未真正體會什麼是真正的愛，所以她也不懂得怎麼去愛妳；妳未曾被媽媽愛過，所以妳也不懂得去愛媽媽。」

母女相互折磨了三、四年，我問雯萍難道要這樣彼此折磨對方，一生都要玩這種痛苦的遊戲嗎？從前她是個孩子，可以把改變的責任全推給媽媽，要求媽媽做出改變來符合她的期待；這幾年媽媽真的很努力，也做了一些調整，但互動模式的改變有限。雯萍若不肯學習自我成長，這樣的僵局只會持續，而且很可能更為惡化，最後，最親暱的母女，便會像天上的兩顆星星，永遠孤單的遙遙相對。

愛和被愛是個歷程，是需要不斷去學習和了解的，這過程中沒有誰對或誰錯，而是我們必須了解，我們的需要和期待究竟是什麼？如何才能得到我們想要的幸福？

「媽媽沒有錯，雯萍也沒錯，我們表達情緒的方式需要做一些調整，彼此都需要保持距離，愛才容易流動！」

關鍵小語

父母和孩子間的互動，未必都有情和愛，大多數時間裡，我們只是共同生活著，然而我們必須了解，和自己相處都很困難，和別人的互動、溝通當然更不容易。每個人會有不同想法和情緒，我們的每一片刻也都在改變，愛與被愛不是承諾，更沒有一個固定的遊戲規則；它是種經歷，也是種學習，此時此刻，我們存入生命存摺裡的如果是愉悅和感人的經驗，生命將來就會充滿著愛的能量，如果我們存入的是傷、是痛，未來就會不斷受到負面的經驗折磨。

別管過去我們曾有過什麼樣的傷和痛，就在此時此刻，用心的思考：什麼樣的距離，才會種下珍惜、感恩、諒解、包容的種子。愛才是我們真正需要的，有什麼理由讓生活中的無關瑣事和情緒垃圾，打擾和破壞我們呢？家除了「愛」之外，沒有更重要的事，用心學習如何存入這一份「愛的存款」吧！

別急著放棄一切

體諒是夫妻之間最好的潤滑劑，忙碌工作之餘，也別忘了用和緩的語氣給彼此加油打氣，幸福才會源源不絕的注入我們的生活之中。

翎依是我多年的朋友，最近因她的先生工作不太穩定，常喝酒發脾氣，她告訴我她受夠了，她不想要這段婚姻，她想要離婚！

「妳想要什麼呢？」

「我不要過這種吵吵鬧鬧，不得安寧的日子，我受夠了，我真的受夠了！一年多來，我每一天都無法好好入睡，都要吃安眠藥，有時我很想死，我背這個家背得好累！」

「妳真正想要的是什麼？」我再一次的問翎依。

她疑惑的看我一眼，剛剛陳述了那麼多，我難道還不明白嗎？

「我好累……」

我了解她的先生被公司裁員，四處找工作都不順利，原本安定幸福的家，被彼此的不滿情緒給一步一步吞食了，她的先生所得常不夠用，她的工作所得要付房貸及家用，工作上，主管的要求愈來愈多，家裡又有兩個孩子，常讓她無法兼顧，使得她最近常因小事對孩子大吼大叫。我知道她的困擾，但如果她沒有去思考，真正想要的是什麼，離婚只會讓她從這個泥淖，跳到另一灘死水而已。翎依一臉茫然，最近她真的累壞了，她幾乎沒有多餘的時間去思考無關生活的事，她會來找我是被逼到了極限，她覺得自己快要撐不住、快要倒下了！

「因為知道我們真正要的是什麼，才可以卸下無關緊要的包袱，否則我們有限的心力，會耗在空轉之上。」

我進一步解釋，其實我們真正要的並不多，而是要很清楚的把能量放在最需要的事情上。

「我真正要什麼……？」

翎依深嘆了一口氣，她的腦海紛擾不定。現在如果她有很多錢，可以還掉貸款，不必為先生工作收入不穩定而擔心，甚至她可以不用去上班，留在家中照顧孩子，悠哉的生活，她當然希望囉！可是有幾個人能夠如此幸運？退而求其次，夫妻都有穩定的工作，對未來都能有所期待或希望，其實再苦的生活也都能挨過。問題是，現在每月的收支都只能勉強維持平衡，她覺得自己像一頭牛低著頭，拖著重重的牛車舉步維艱，辛苦賺得的錢，連買一件衣服都成了奢想。

「重新盤點一下我們的資產，過更簡單容易的生活！」

我把自己這幾年來的心得和翎依分享：開實用的車子、住適合的房子、吃健康和簡單的食物、東西沒有損壞就不買新的。幾年來我們都不曾換過房子，因為住在建築物裡的人和愛，比什麼都重要。

「我們最最重要的資產是愛，而不是錢！」

幾年前翎依都會認同，現在她覺得談這些，有點打高空，但我認為愈是辛苦的時刻，我們愈需要帶給家人希望的愛，否則生活會更辛苦。她若離了婚，忍心把兩個孩子交給沒有能力照顧他們的先生嗎？目前她先生工作雖不穩定，至少在她加班忙碌時有人照顧孩子，如果她成了單親媽媽，生病了或工作上有個意外，她的壓力無疑會比現在更大。她先生的狀況是短暫的，用愛支持他走過他生命最陰霾的時期，並用我們的愛讓孩子了解：雖然物質上是有限的，他們卻是生命中最富有的人；有愛、有希望，日子就不會那麼難挨和辛苦。

翎依的眼神露出一絲光采。

「愛，說得很容易，但很難做。」

「用心感受妳先生的心，他這一年多來受了非常多的內心折磨，他對妳和孩子是充滿愧疚的。」

「他如果不去喝酒、不發脾氣，我倒是可以諒解他，但他把我辛苦賺來的錢都拿去買酒喝……」

翎依的先生不是不體恤她的辛苦，而是他不知如何調適自己受挫的情緒。

一個男人無力照顧好妻小，要太太辛苦工作來維持家用，或許喝酒是想讓自己暫時好過一點，這樣雖有點自私，但並不表示他是個沒有責任的男人。我要翎依試著了解她的先生，能感謝他在她忙不過來的時候，願意分擔她的辛苦，能在辛苦的時刻與她一起共度，感謝他的存在，感謝上天給予我們生命新的學習和考驗。苦難一定會過去，珍惜它給我們與它共處的經驗，並且感謝她的先生，他所做的一切不會因為他的工作不穩定、收入低而理所當然應該付出。因為諒解和感恩，我們就可以幫助一個男人找回尊嚴和自信，也可以停止我們的抱怨和不滿，心甘情願的做我們該做的事，沉重的包袱就可以減輕一些。也感謝我們的孩子，儘管有些時候不太懂事，但他們的不懂事，往往來自於媽媽從不主動關心他們。

「向先生和孩子伸出求助的手，讓他們有機會幫忙，並得到妳的感謝。」

翎依有些不平，她認為該被感謝的應該是她。我繼續解釋，一個付出最多和最辛苦的人，試著去諒解和感恩家人，這個家就會因愛而有力量，再現新希望。如果只是感謝，就能讓家重新改觀，就會讓這段辛苦成為生命中最亮眼的一顆珍珠，為什麼我們不馬上實踐呢？

「離婚是遇到問題的選項之一，但它不是解決問題的最佳途徑。」

翎依真的是很辛苦，也就因為如此辛苦，所以我們更應了解，如果我們做了那麼多的努力，得到的卻是悔恨和痛苦，這是多麼不值得的事。所以，我再次的問她，歷經那麼辛苦的過程，她真正要的是什麼？

「一個幸福的家和有希望的未來！」翎依給予我比較清楚的答案。

「有愛，就會擁有一切，現在正是一個存入愛的存款的最佳時機喔！」

看見我們真正的需求，除了愛，我們要的真的不多。

關鍵小語

辛苦是什麼？每個人都喜歡快樂、厭惡痛苦。

如果一件我們不願意做，卻又是必須做和應該做的事，它就是一件痛苦的事；如果這件事，雖然要花上許多時間和心力，卻是我們心甘情願做的，它就不會是辛苦的事。關鍵就在於，這件事是否有愛的成分，因為有愛就會有幸福和希望。

上帝不會故意惡作劇，祂對每一個人、每一件事都是公平對待的；永遠相信任何一件事的發生都是有原因的，而且都將對我們的人生有所幫助；現在我們不容易明白，幾年後再回顧，便能了解一切。祝福你！

在別人家裡遇見幸福

孩子需要什麼？不是金錢、不是玩具，更不是父母的「打分數」，而是無所求的關愛。

世祐是我朋友的小孩，頭腦聰明、反應快，可是就沒父母緣，不知為什麼爸媽總嫌他這個不好，那個不好。我很喜歡他，他也喜歡找機會和我見面，有一天他媽媽請我照顧他，告訴我在下午三點時提醒他吃點心，她拿出一包裝有小餅乾和蛋糕的袋子給我，我打開一看是一些造型可愛的零嘴。她告訴我，她每天都給世祐準備小點心，世祐卻常嫌東嫌西，就是不愛吃，如果他不吃就別勉強他了。

我順手將袋子一擺，繼續忙著我的工作，世祐也逕自去玩電腦遊戲。過了三點半，我才想到點心的事，我把世祐找過來並告訴他：朋友送給我一袋小點心，指定要給世界上最棒的孩子吃，我選上世祐送給他這包點心。我和我家的小朋友常玩類似的遊戲，世祐可能第一次遇到有人這樣拿點心給他吃，便迫不及待的要打開袋子，我說這個袋子具有魔法，只有真正的乖孩子才打得開（因為怕螞蟻吃這包點心，我用了雙面膠把袋口全封起來），而他一拉就開了。

「恭喜這位少爺，你真的是一位乖孩子！」

世祐蹲坐在地上吃著那包點心，專注幸福的模樣，讓我都很想分幾個來吃看看。吃完後，世祐還不斷的對我說這是他這一輩子吃過最好吃的點心了。

我心裡在想：這是真的嗎？我所知道的，世祐的媽媽每天不就常給世祐類似的餅乾點心，但我從未見過他誇讚和感謝媽媽。我藉機問他，為什麼喜歡到我這裡，他告訴我，我是他心目中最適合當爸爸的人選，幽默有趣，又會陪孩子玩。我很疑惑，因為我去過世祐家，了解世祐是個幸福的孩子，他有一對令人羨慕的爸媽，為何還會覺得我是他心目中的「好爸爸人選」？

我告訴世祐，剛剛他吃的點心，是他媽媽帶來的，也只是一般的點心而已，不具任何魔法。他有些質疑，最後下了一個結論，因為他喜歡我，點心才會變好吃！我反問他：「難道你不喜歡自己的爸媽嗎？」世祐回答我：「也不是這樣，而是他們為我做任何事都是應該的，而你卻不一樣！」

終於真相大白了！

假如爸媽為我們做的事都是理所當然的、應該的，再好吃的東西都嘗不到幸福的滋味，這是多可惜的一件事！如果能心存感恩，我們住在家裡不就像住在天堂般的喜樂嗎？「原來幸福是藏在珍惜和感恩裡！」我告訴世祐，爸媽給予每個孩子這世界上最珍貴的一件寶物，大部分人都把它當成了日常用品，只有用「心」的人才能看到和得到這份珍寶！

「什麼寶物，我才不要呢！我爸媽給任何東西一定要加上一大堆的條件，要乖、要聽話、考試要考一百分！」

世祐不是不想要這份珍寶，而是爸媽在給予過程裡，夾帶了過多的期待，讓世界上最珍貴的「愛」，孩子都不想也不敢愛！

我摸摸世祐的頭，不知為什麼在這時我突然想到了我已往生多年的爸爸，他是那麼希望能和我親近，得到孩子的尊敬、信賴和依靠；但我卻一直努力忙著要做個能讓爸爸引以為傲的孩子，就好像兩列不同軌道的火車，表面上朝著相同的方向前進，卻永遠都保持著安全的距離，直到我爸爸過世的那一刻，我才突然有種輕鬆的感覺：我不必要為他做任何事。我們的努力真的是爸媽他們要的，一個有成就、有貢獻、值得他們驕傲的孩子嗎？

想著想著，我不自覺的流下了淚水，我看著專注玩著手中玩具的世祐：我們是兩個不同世界的人，我是個代為看顧他的長輩，對他只有給予而無所期待和要求，但這樣就能讓他如此喜歡我！反之，我們為什麼不能這樣對待我們自己的小孩呢？孩子又為什麼一定得做到爸媽所有的期望呢？

世祐的媽媽不久後來接他，一見到他就問：「有沒有給盧叔叔找麻煩啊？給你那張評量做了嗎？」

關門離開時我還聽到媽媽啐啐唸著唸著……

我似乎看到世祐一張無奈，又不知道該怎麼辦的臉。

我的天啊！爸媽難道都只會做這些和愛無關的事嗎？

關鍵小語

為什麼會在別人家遇見幸福呢？

我想別人因為不是親生父母，不需要為孩子負什麼責任，所以可以像朋友一樣和孩子相處，尊重禮遇孩子；對自己的孩子，我們總認為不需要客套和尊重，親子之間直來直往，常會一個不小心，累積了許多不愉快經驗。父母的愛如果是沒有條件的，父母的支持如果是不要求回饋的，親子之間的互動就會比較容易些！

愛是個經驗，它是愉悅而沒有負擔的；學習去經驗它，否則我們的心會和孩子距離愈來愈遠喔！

別讓我再失望

孩子的學業固然重要，但父母也別因此給孩子過重的壓力；叛逆的造成，很多時候都是源自於父母的態度！

景諺國中三年級，他的媽媽有一天來找我，因為她一直以為景諺在學校除了功課差一些，其他一切都正常，但今天她和學校老師談完話，才知道他上課都在睡覺，考試連看都不看都是用猜的，平常連絡簿他都是自己簽，考試成績也是變造的，因為爸媽都忙著工作，也沒太在意，以為讓孩子下課交給補習班一切都會沒問題，媽媽說著眼淚就掉了下來。爸媽會這麼疏忽景諺，是因他的姐姐從未讓爸媽擔心過，學習路上都很順利，現在就讀明星高中，不知為什麼景諺會這樣？

「妳期待景諺成為怎樣的孩子呢？」

「做爸媽的是個義務，讓他讀完書，未來有自力生活的能力，不然咧？」

我們難得有機會為人父母，要的只是這樣嗎？

為什麼不敢多要一些呢？

我看著媽媽憂心的模樣，只是心裡想著，話卻不敢出口。

「景諺的情形不是一天造成的，所以，我們也不能期待短期能夠得到改善。」

一個孩子會自我放棄，必定經歷了許多受挫的過程，我始終相信每一個人都有向善、向上、趨吉避害的本能。因為一再的努力和嘗試，都得不到重視，所以，景諺放棄了努力。媽媽描述景諺的情形，我想親子關係疏離已經有一段很長的時間，爸媽做餐飲工作，晚上常要忙到深夜，親子很難得有機會能相處，爸媽只要看景諺成績正常，他們就覺得可以安心，景諺長期經驗下來，發覺只要給爸媽看一張「還可以」的成績單，其他的事，他們根本不會關心，所以，每次段考就用影印剪貼的方式把別人的成績，當成自己的成績，後來他索性在電腦上自己做了一張成績單，哪一科要幾分就填幾分（成績好就有多一些零用錢），導師平常也連絡不到父母，就這樣，他從二年級開始成績一路下滑，到了三年級乾脆完全放棄掉，因為爸媽不在乎他是否真的努力，他也不需要那麼辛苦。

爸媽知道了整個情況，回到家後詢問景諺，他也沒多說話，爸爸最後氣不過講了一句，要景諺「不要讓他們失望」，景諺竟回答：「沒有期望，就不會失望！」他要爸媽當作沒生它這個孩子！

父子就為了這句話起了衝突，景諺因此逃學、逃家好一陣子。

媽媽很無奈，要怎樣才幫得上景諺一點忙呢？再這樣下去非但考取不了高中，可能連像樣的高職都沒得讀了，這樣未來怎麼會有前途呢？

「我不會關心這些問題，我比較關心的是景諺的人。他並不快樂，他也不期待自己是如此被忽視；當他感受到來自於父母的關心，才可能把該做的事做好。」

我解釋爸媽長期都忙著工作，用錢解決所有的問題，以為為孩子做了許多事，卻沒注意到孩子要的是父母的時間，用心陪他走這一段充滿未知的青少年時期。

「現在做爸媽的該怎麼辦呢？」

我建議暫時別管景諺的功課，多關心他的人，爸媽和他已有了鴻溝，親子雙方生活在不同的世界，這需要投資一些時間，讓彼此有座橋梁可以進行互動和了解。

媽媽要的是立即解決問題的答案，而我卻希望他們有一個改善的過程。景諺目前有許多問題，如果爸媽只想到自己要的，而沒有以景諺立場去思考他面臨的實際狀況，我想難有很好的親子互動，而且還會增添許多新問題。新舊的不愉快經驗，會讓已接近冰點的親子關係更加惡化。

「該怎麼開始？」

媽媽已顯得沒什麼耐心，她抱怨一個女人要幫著先生忙著事業，千頭萬緒的問題，無非想要在每況愈下的環境中討一口飯吃；做孩子的也不知體諒，把自己該做的事做好，現在又要她分心來解決孩子的問題，她顯得百般無奈。她

中華民國 天下和平年 開心日
Love = ??
值日生：爸爸 媽媽

和先生努力這麼多年，累積最重要的資產就是金錢，所以，她幾度的詢問我，把他送到全天候的補習班或可以住校的高中職，讓他遠離不良的環境，是不是就可以改善現況呢？

「妳和景諺的爸爸從孩子身上想要看到什麼呢？」

「未來他自己能養活自己，不要為非作歹就夠了，還能要什麼呢？」

一個不願意為孩子付出愛的父母，孩子更不可能知道如何愛他們的父母。空有義務和責任卻不付出愛的父母，的確是很辛苦，就像替別人養小孩，養大了，他們就遠走高飛，留下一對逐漸年邁的父母。身為父母除了教養孩子長大成人，其實可以開創更多新局面。

「哎呀，別講了……」

景諺的媽媽並不想多了解我所說的，失落的她希望知道的答案，是如何立即有效的讓景諺回到常軌；她不想再為他分心，她沒有時間管他那麼多，只要他不找麻煩、不要製造問題！

「有什麼方法，可以讓景諺不要讓我們這麼失望嗎？至少像個學生，把最起碼該做的事做好嘛！當父母很累，什麼都要『錢、錢、錢』，父母不用心去賺錢，孩子怎麼生活？」

我心裡出現了一個不好說出口的想法：「你們才是讓孩子失望的父母，景諺一直在求助，甚至以自我毀滅的方式央求父母的注意，但你們讓他一直失望著！」

我能再說些什麼嗎？我幫不上什麼忙，一個沒有愛的家，即使景諺為了得到愛而認真讀書，最後他一樣要失望。

我約了景諺，他剛開始以為我是代替爸媽要來勸服他認真讀書，後來，他才明白我的用心良苦：父母可以不懂得愛他，他卻不能因此而放棄學習愛自己。

「別管父母的想法，想想自己怎樣才可以好過一些，怎樣的人生旅程是你所期待的，你不需要為爸媽做些什麼，認真的思考為自己做些有希望和期待的事才是重點。」

景諺很認真的在聽我說。他不是叛逆的孩子，只是個不被了解，也不了解自己的孩子，他和我講話的過程中常會默默思考，我只靜靜的等他和自己的內在對話完畢，再和他對話。

「老師，我還是不了解自己需要什麼。」

「不知道是一切知道的開始，世界上很少有人真正了解自己要什麼。」

景諺的爸媽不知道自己是「不知道的」，他們一直以金錢為中心，買名車、買豪宅，卻買不到真正的幸福和孩子的愛，如果他們了解自己對景諺的期望是如此的自私和膚淺，他們就不會只是一味要求和指責。

和景諺談話過程，我覺得他比他的父母更能了解自己的需求，他原來也是期待爸媽的改變，後來他覺得不如自己改變還來得容易許多；他不想讀書是想懲罰父母對他的漠視，和對親情的一再失望，他對父母確實有著難以言喻的複雜情緒。

最後他告訴我，他要為自己做一些努力，他要原諒他的父母不懂得愛他，他不再拿爸媽的無知懲罰自己，他要為自己出征，要為自己努力！

景諺最後順利國中畢業，他選擇了一所高職夜間部就讀，半工半讀的他不想再依靠父母，不想再用他們的錢，欠他們這份難以償還的情債。

他因愛所受的傷仍未療癒，他不想再失望，所以選擇和爸媽保持距離。爸媽一直都在忙碌，景諺沒有惹出什麼重大的麻煩，他們只是不想多浪費時間在他身上；他們是商人心態，養兒育女只是個投資標的，對於「看衰」的標的，少付出就是多賺！

關鍵小語

在夫妻與親子關係中，你是個商人嗎？如果不是，你是什麼角色呢？我選擇做一個學習愛與被愛的實習父母，我的父母為了我做了那麼多事，但在成長經驗中，一不小心就會讓我遭受到傷痛。他們不是故意的，只是他們不了解，愛不能有期待；愛是沒有附帶條件的，付出只是為了愛這個家，父母所能做的，不可以有太多的希望和比較。

愛是不能有失望，失望是由於我們假借愛的名義，做了許多與愛無關的事喔！

帶著燙疤的男孩

身教不如言教，父母的一言一行會帶給下一代很深的影響；父母的責任不只是生育，養育是更重要的喔！

尼洛是我多年前輔導的個案，現在已成年而且結了婚有了孩子，有一天他特地來法院看我，他一臉的心事重重，而我正好有空，就陪他聊一聊。

他雖然年輕，卻已經歷了三次婚姻，這次是因和同居的女友聯手打傷才三、四歲的孩子，被移送法辦。他知道打小孩是不被允許的，但聽他陳述完事件過程，我覺得他需要的不是法律的懲罰，而是更多的協助。他做的是建築粗工，平時由同居的女友代為照顧小孩，他下班回家女友就常向他告狀：孩子多麼不聽話、闖了多少禍。

尼洛和孩子的媽媽，未婚懷孕被迫結婚，當時兩個人都很年輕，生活不正常，懷孕期間也是菸酒不忌，孩子出生了也不知如何照顧。夫妻婚前就常吵架，婚後孩子的媽媽就被他生氣打跑了，後來和另一名女子同居，也常為了孩子的事吵來吵去，最後分手，再和現在的女友同居。

「和另一個人共同生活，真的好難。」

尼洛小時候常看到父母吵架，甚至在他面前大打出手，他覺得大人怎麼會這麼難搞，只要有飯吃、有錢用就好了，大事吵、小事也吵，為什麼呢？爸媽從小就分分合合，他也習慣了，直到自己要結婚了，必須和另一個人共同生活，相處下來他才知道真的很不容易。

他常覺得自己都搞不定自己的心情，還要煩惱另一個人和一個小孩，所以很容易為了小事而「抓狂」，幾年前他看在孩子需要有人照顧的份上而忍住脾氣，最近則因孩子老愛哭鬧，弄得心情很煩躁，他一受不了就跑出去喝酒，回來又是一頓吵鬧，開口閉口都是這個「小孽種」惹的禍，而且喝完酒又被同居人藉故吵鬧，更是受不了，便找孩子出氣，第二天酒醒了看著孩子睡得很沉，於心不忍之餘心想，這個孩子死了說不定是個解脫……

「孩子被帶走，我心裡還比較安心，我真的會怕，有一天會不小心害死這個小孩，要怎麼辦？」

尼洛露出了一絲無奈的苦笑，我告訴他，婚姻和父母都是永遠學習的角色，我自己很幸運，婚姻尚能正常維持，孩子也一天一天長大，到目前為止都算正常，而且每天都很謹慎的學習如何生活。尼洛比我更不幸的是他的父母給予他太多的負面示範，我在和他談話過程中，忍不住瞄了一下他的手臂，那是因和哥哥搶泡麵，被他爸爸用滾燙的熱水燙傷的疤痕，尼洛似乎也察覺我在看他手上的傷疤，便用手輕撫著那些傷痕，並且告訴我他爸爸已經意外過世多年了。我記得多年以前輔導他時曾告訴我：「大人為什麼發這麼大的脾氣，有事情用講的嘛，為什麼要傷害我呢？」

我回想著當初他和我的對話，我再看著尼洛，身為人夫、人父，是不是已經了解大人為什麼常小題大作了嗎？尤其是當爸爸的，常會無預警的大發脾氣，是什麼原因老是觸怒了這些男人呢？

尼洛經歷了這一段波折，和十年前的稚氣尼洛已經大大不同了！

「活著真是一件不簡單的事。」

他突然冒出這樣一句話。尼洛是有所感觸的，我便引導他把心裡的話講出來。

他告訴我，都快三十歲了，還在混日子，工作所得也只夠生活開銷，媽媽年紀大了工作也少了，常想給媽媽一些生活費用，但實在拿不出來，他常覺得活著實在很累。爸爸五十幾歲過世，在世時除了工作，就是喝酒、罵人，一事無成，被車撞到，臨死前聽說還在罵人，尼洛不知道再過二十年他會不會和他爸爸一樣，為生活操勞不停，整天就是怨天尤人。他問我是不是我們的生活和他們不同呢？

「表面上有些差別，我們從工作的經驗中累積了經驗和資產，生活會愈來愈改善，但大部分人並未因此而過著幸福快樂的生活，享受美好的一切，反倒會找一些事來讓自己操勞不停。」

我告訴尼洛，如果我們沒有一再的在生活經驗中自我省思，我們就會繼續用昨天的經驗重複過著今天和明天的生活，直到把生命用盡為止。他在三十歲時就懂得去思考，我覺得已經十分不容易了。

「唉，女朋友為了這件事跑了，兒子被安置在一個不讓我知道的地方，現在我一個人有了機會多想想，未來該過什麼樣的生活。」

講完他又再嘆一口氣，用另一隻手撫觸他被燙傷的手臂，他的父親和做父親的他相比，或許他慶幸一點，他只是打傷孩子，並未留下讓他一輩子難撫平的疤痕吧！

以一個老師的立場，我該安慰他或給他一些忠告，但人生這段旅程，只有自己去體驗和不斷的積極改變，生活品質才可能有所提升，再多的言語也是多餘的。

尼洛和我又再談了一會，問了我相關的法律問題，他倒不太擔心會不會被判刑，也不太關心孩子什麼時候會回到他身邊，他覺得這段親子關係已經夠了，如果可能他很希望有人收養他的孩子，他真的沒有能力繼續照顧他。他想先學會照顧自己再來學習夫妻相處，可能的話再學習如何照顧小孩：言談之中他一再強調他真的沒有能力。

我相信尼洛不是在推卸責任；我希望他再給自己一些時間思考，如果有任何需要，我都很願意協助他。

他趕著去開庭，我在他走後自己一個人安靜的沉思，誰真的會做父母，懂得照顧孩子呢？我也不懂、不會，我只是假裝自己已經準備好了而已。

關鍵小語

別因在生活中有許多不如自己期待的事情發生，就一再的自我否定。陪著孩子一起成長，我們若能明瞭自己無時無刻都在決定孩子的未來，或許在過程中會不小心帶給孩子或多或少的傷痛；但不用因此而太過自責，清楚的從生活中每一個事件自我成長，也不要因此而放棄婚姻和成為父母的機會。把一切遭遇都當成功課，用心的學習和成長，我們會在十年、二十年後，從我們孩子身上看見同為父母的謙卑和努力。

Part 3

先和自己和好

如果我們了解，一個家除了愛，其他的需求都是基本和有限的，我們也可以因此卸下沉重的經濟壓力和心理負擔，讓愛成為家中最重要的支柱。在絕大部分家庭裡，愛都是停滯的，所以我們先要和自己和好，學會愛自己，才有推動愛的能量，讓家人擁有有寬闊的心靈空間。

愛不是口號，而是行動，你若願意學習，願意調整想法和習慣，愛就會像氣流一樣充滿我們的家。別小看自己的小小一步，它可是家的大大希望，學會愛自己、和自己和好，一切都會變得簡單又容易喔！

我絕不原諒

家庭關係往往不是我們能夠決定的，若以最寬容的心來面對困境，即使家人不想改變自己，至少我們的內在會舒適一些。祝福你！

俊瑛是個有趣的個案，我輔導她好幾次之後，還不確定她是男孩還是女孩。她理了個超短的平頭，滿身菸味，聲音低沉，嘴裡常不經意溜出三字經，當她一感覺不舒服就會發出「幹」字，講話「超衝動」，不過，來法院接受輔導時，她還滿守規矩的。有一次我看她心情不錯，想和她多談一下她對性別的認知。

「俊瑛！妳不喜歡當女生嗎？」

「幹！」

她一衝動把話說出口，馬上覺得不對，立刻向我說「對不起」，而且我故意的也說了一個「幹」字。

「老師我有跟你說對不起啊。」

「幹！關心別人還要被罵，真倒楣！幹！」我模仿她的口氣又說了「幹」字。

「幹！」俊瑛又脫口而出。

「罵完，爽了吧，告訴我一些我想知道的事。」

這一個「幹」字果然讓她放下了戒心，她告訴我她沒被性騷擾，也沒被強暴。有一天，繼父和她意見衝突，用近似羞辱的台語罵她，「女孩子再行也少一隻鳥」，這種話讓她感覺非常生氣，而且她更不能忍受繼父常常為了一點小事就大吼大叫，動不動就要賞她耳光。我剛開始以為只有繼父如此對待她，後來她告訴我，從小也有許多被媽媽打的經驗；她小學六年級就長到一百六十公分，已有足夠力氣，因此決定反抗：繼父拿了棒球棍要「K」她，她便不甘示弱的拿起棍子和他「對幹」，畢竟女孩子力氣比較小，她被打到暈過去，事後她發誓打在身上的每一拳一棍都會要回來。國中二年級時，有次她趁繼父喝醉酒，拿起棒球棍猛打他，之後就逃家，繼父揚言要讓她死得很難看，她心中很不滿，繼父打她就可以，為什麼她就不能打回來！現在，大部分時間她都住阿姨家，她有一群哥兒們，只要她繼父膽敢侵犯她，她絕不饒過他！

「妳這樣不是讓妳媽很為難嗎？」

「屁！」

俊瑛認為一切都是媽媽的選擇，願意嫁給有家暴傾向的男人，不只連累她，媽媽也常被打，但都選擇容忍。俊瑛不要這樣，她選擇勇敢抵抗，她認為強者才不會被欺負。和一群男生混在一起，當中曾有人要性侵犯她，她就夥同其他朋友把對方痛打一頓。她就是因為傷害案件被裁定保護管束，她雖然覺得法律在保護壞人，但她還是堅持不惜一切的要對抗侵犯她的人。

「妳快樂嗎？妳有朋友嗎？」

俊瑛的臉色沉了下來，她原本要辯解，但話到嘴邊並沒有脫口而出，她沉默了一會兒，我可以感覺出來她的內在思緒不斷翻攪，我不反對她為自己的權益勇於抗拒別人的侵犯，但她頭腦裡面充滿著衝突和暴力，得不到寧靜，所以，她抽菸也喝酒。

平日故意裝出凶狠粗暴模樣的俊瑛，這時敞開了心房，臉上滾出了大滴大滴的淚水，當她察覺時，立刻用力的擦乾眼淚。

「不能哭！哭是弱者的表現，會被瞧不起！」

我試著解讀她的心聲，俊瑛看我一眼，但她覺得不舒服，她告訴我她不想被人看穿，也不想被了解，因為她不想被被掌控，她要成為讓別人無法了解的人。

「神出鬼沒？難以捉摸？出其不意？讓對方防不勝防？」

「嗯！」

俊瑛在她重組的家庭中成長，有這樣的想法是必然的，可是她把自己弄得如此複雜，難以捉摸自己，情緒常被搞得亂七八糟、心神不寧，再這樣下去，總有一天她會精神崩潰；我告訴她這個世界的確存在許多危機，但不是每一個人、每一個時間都要保持高度警戒，讓自己處在最緊繃的狀況裡，更重要的，我們的內在會難以放鬆，充滿著衝突和不安。俊瑛吸過毒，突發性的暴力攻擊，無非都因內在有許多的紛擾而以最直接的手段解決問題，人在大部分時候沒有侵犯他人的意圖，儘管對旁人都應有所防備，但絕不能讓自己經常處於戰鬥狀況，如果是這樣，我們常會出現過當的反應，製造連自己都意想不到的挫折和衝突。

「學會讓自己舒服好過，最簡單的方式，就是學會諒解和感恩。」

也許我們有許多不愉快的經驗，但過去不等同於未來，過去會發生的事，現在或未來未必會發生；我們把所有心力用在武裝自己、防範別人，還不如學習和自己和好，也學習和別人和好，讓別人好過，也讓自己好過。

「老師，您認為我要原諒我繼父那種禽獸嗎？」

她的繼父的確做了許多讓她痛苦的事。選擇原諒並不是要讓對方好過，而是讓自己好過一點，不要再受過去的經驗折磨。事情已經過去了，怎樣讓我們的損失減到最小才是重點所在；我們的過去已不能改變，為什麼也要讓我們的現在和未來也賠進去？

「我不甘心這樣就算了！」

「妳上次就是不甘心，趁繼父酒醉痛打他一頓，最後妳得到了什麼？留下那麼多麻煩和後遺症，妳不覺得自己反而賠得更多？」

「所以我更不甘心！」

「妳要再報復，然後製造更多問題讓自己更痛苦和難過嗎？」

俊瑛一直認為只要讓她的繼父痛苦，他才不會再傷害她，只要讓繼父在這個世界消失，所有的問題都可以解決。我要她分析自己：從過去到現在，解決了哪些問題，而有哪些問題是為了解決問題而製造出來的。

「沒有問題存在，沒有問題需要被解決！」

「你騙人！沒有問題，那我為什麼會活得那麼痛苦呢？」

「因為我們不知道痛苦來自於我們自己而不是別人，痛苦來自我們的內在而不是外在的一切。」俊瑛她聽不懂這些，我再解釋，所有的努力都是要讓自己好過，怎樣做她會覺得快樂、自在和幸福，以及內在能保持著寧靜、沒有紛擾。

PEACE!

俊瑛沉默了好一會兒，眼淚又流了下來。

「我絕不原諒他們！」

他們指的是她的繼父和媽媽，還有她的老師和同學，她咬牙切齒的表達著她的恨意，我想多了解究竟「他們」是做了什麼讓她如此痛恨著。也許有太難讓她啟齒的痛苦，因此我仍舊懷疑她的繼父曾對她性侵害，她搖頭，最後才告訴我繼父曾經有過這樣的意圖，而她極力的反抗，他氣急敗壞的揍了她一頓。

「他憑什麼打我！」

「妳的繼父不是也因此被判了緩刑嗎？」

「那不夠！」

怎樣才可以讓俊瑛覺得夠了，願意原諒這些人呢？我試著舉許多例子，比如讓她的繼父向她道歉、跪下來給她磕頭、讓她想怎麼打就怎麼打、愛怎樣羞辱就怎樣羞辱，她想怎樣做，這些新仇舊恨才可以一筆勾銷呢？

我了解怨恨不是那麼容易消弭的，讓一個人的尊嚴受到傷害，是很難被釋懷與原諒的；追根究柢的問，也只是想讓俊瑛了解，怨恨是無法因做出什麼事而得到平反和感到舒服的。

「我要他死！」

「要妳的繼父怎麼死，妳才可以原諒他呢？」

「碎屍萬段，一刀一刀的割、求饒至死！」俊瑛的雙眼透露出冷冷的凶光。

「然後，妳就願意原諒他了嗎？假如他現在就躺在自己的血泊之中，妳願意原諒他嗎？」

「我……死都不會原諒他！」

「那妳想怎樣呢？要怎樣妳才願意讓自己好過一點、快樂一點呢？妳的繼父要對妳怎樣，老師幫不上忙；妳是老師的學生，老師不能讓妳如此的折磨自己呀！」

過去發生的事已不能改變，但我們卻可以決定自己的現在和未來。我告訴俊瑛必須為自己負責，「妳可以選擇抗爭，讓過去的經驗折磨自己，也可以重新做一個為自己負責，讓自己快樂幸福的人。」

一個拒絕幸福的人，誰都幫不了她，如果她想讓自己快樂幸福，誰也一樣阻止不了她。

「我的繼父難道都沒有錯嗎？不應該受到懲罰嗎？」

「妳是用自己的痛苦，懲罰妳的繼父和媽媽，但我想妳懲罰不到妳的繼父，妳只會折磨妳自己和妳的媽媽。」

讓自己快樂，生命才有意義，過去的已不能改變，怎樣讓新的一切能如自己期待，才是價值所在。從俊瑛的故事裡，我們若能夠學習到如何善待自己，生命才不會在仇恨中循環下去！

關鍵小語

俊瑛仍不明白，為什麼問題並不存在，也沒有任何事需要解決呢？

一個人不在乎自己的心情，還有誰會在乎我們呢？我們要疼惜自己，在生命的旅程裡，已經有如此多的不順遂和不如意，所以，何苦再讓過去不能改變的事，重複的折磨我們。發生那些不如期待的事，的確是不幸的事，如何讓損失不再繼續，而且思考如何才能讓過去的不如意，成為未來生命的資產，而不是負債。

給自己一個新的決定：從現在開始善待自己，讓自己好過吧！

自己才是關鍵

學校就像一個小型社會，你會在裡面交到好朋友，也可能遇到看不慣你的人，為避免讓自己受到排擠或排斥，記得凡事都要謹言慎行喔！

俞傑因傷害案件接受我的輔導，他會和別人發生衝突的原因，是看不慣班上幾個行為惡劣的同學，常藉機欺負敦厚老實的同學，強迫他們幫忙寫功課或代出公差，甚至做出借錢不還等等占人便宜的事，他看不過去，出面糾正這些同學並和他們打架，而且最讓他難過的是，被欺負的同學非但沒有感謝他，還聯合這些惡霸指控他多管閒事，「被欺負」是俞傑自己的想像！

俞傑因傷害了同學，不僅被學校記過，還被送上法院，他十分不平，這些同學在背後抱怨和訴苦，他為他們伸張正義，為什麼他們都不肯為自己的委屈說話呢？在教官詢問時他們否認遭人欺凌，那麼以後誰還願意為他們伸張正義呢？俞傑為此情緒低落，不想再上學，爸媽也不諒解俞傑，要他不要再多管閒事，專心讀書。

「俞傑，從這件事你學到了什麼呢？」

「別多管閒事。」

「還有呢？」

俞傑至今仍不了解自己仗義助人，為什麼會落到如此下場。我分析人際互動的微妙關係：這個社會的惡霸也有他的支持者，人們依附這些惡霸勢必有他們的需求（寧可犧牲自己一些權益，來換取安全感或減少被欺負的麻煩），所以，社會長期存在著以清潔費或公共事務費的名義來魚肉鄉民的事件（繳了錢往往在背後臭罵，但下星期或下個月還是會繼續繳錢）。這表面上是不公不義，但在整個社會的人際生態中，有許多時候正義的需求，不比現實或直接的利益來得重要！

我很謹慎的為俞傑解釋，他是個有正義感的人，可是他要先學會保護自己，否則他常會被自己的正義感給毀了。正義感是維護社會秩序的重要力量，俞傑並沒有做錯什麼，只是他若不從這個事件中學習到自我了解和人際間的互動技巧，日後還會發生類似的衝突。

「如果你在河邊看到有個小女孩落水求救，你會怎麼做？」

「跳下去救她。」

「如果河很深、水很急，而且落水的不是小女生，而是一個大男人呢？」

「嗯……不要救，因為我可能救不起來。」

「如果掉到水裡的是我們的爸爸媽媽，或兄弟姐妹呢？」

不論任何情況，在下水之前，是否應該先了解自己會不會有危險，如何在保護自己的安全情況下去救人，比較恰當呢？再者，要先判斷對方是不是真的有危險，需要被救助；也許他是在玩水，我們若貿然的下水救人，很可能正冒著生命危險去做一件蠢事！

「我很敬佩你的正義感，但對你的衝動，有點小小的建議。」

俞傑露出苦笑，似乎對我的解釋有些失望；來到法院仍不能讓他的正義稍稍得以伸張，我想他真的有些委屈。我告訴他，我也像他一樣是個見義勇為的人，難以容忍不公不義的事情發生，生命的旅程中給予我非常多的啟示，正義不是如我們眼睛看到、耳朵聽到的那樣，不是我們主觀的感受認定，更不是恆久不變的，正義很有可能昨是今非，我們的情緒常會像三溫暖一樣，原本熱情如火，一下子就被狠狠的澆上一盆冷水！

「別講這些，我已經學乖了，做個冷漠自私的人，把自己的事管好，幹嘛雞婆管別人死活！」

我和俞傑的談話有兩難：若我強化了他的正義感，他勢必會在未來再次受傷；若我否定了他的正義需求，他很有可能就此退縮和自我否定。

以我自己的經驗，我了解他此時感受。為一件原本不關他的事，和別人爭吵，自己不但受了傷，還和同學結怨、上法院。老師和同學拿他當負面教材，爸媽還不斷的給他指責和壓力，在這個不公不義的世界，活著也沒什麼意思（他告訴我沒有人了解他，他很想死，所有的人都告訴他大道理，做一個明哲保身，像其他同學一樣敢怒不敢言的人，他很想拿把刀把這些欺負人的惡霸殺了，自己再自殺！）。他不想再多聽這些沒營養的話題，他現在只想事情趕快了結，書他也不想讀了，讀再多書，錯的事也不會變對，壞人也不會變好，每天都看到社會上這群壞蛋在得意，他覺得失望透頂！

「這世界上，沒有好人或壞人，更沒有絕對的對或錯，因每個人的觀點不同，才有是或非。我們沒有辦法改變別人，卻可以調整我們自己的看法，怎麼樣做會讓自己覺得安心和自在，是我們需要學習的。」

「沒有是非？沒有真理？不需要正義？不需要是非黑白？」

俞傑的爸爸是個退役軍人，或許是因為如此造就他剛毅正直的性格。我該怎麼解釋才能讓他了解，任何事都不是絕對的，讓自己有彈性的看待事情，才不會把自己逼上敵對的位置；他認為對的事，別人的需求和觀點未必如此，彼此間只是觀點和立場不同而已，並沒有什麼好或不好。

就在我正在思索時，他卻很不以為然的表示自己的想法。

「真理只有一個，對就是對，錯就是錯，對可以變成錯的，是可以變成非，這世界不就大亂了？」

「人們常假真理之名，來強化自己的認知，否定別人的看法，所以，這個世界才會大亂不止。」

「沒有真理？難道殺人是對的嗎？」

「殺人是不對的，但殺敵人和壞人，卻少有人會說這是不對的，不是嗎？敵人的母國，也認為我們是敵人，壞人會殺人不也是因為他認為這個人不殺就不能解決問題。剛剛你不也說要去殺這些惡霸嗎？他們有壞到非殺不可嗎？只不過有一些想法和做法和你不同，你就想去殺他們，你不覺得你也是個想要殺人的壞人！」

「可是他們欺負別人呀！」

我舉了一個真實的例子，有一對男女在公園裡，男方要和女方親熱，被女方推開拒絕，兩個人就這樣打打鬧鬧，被一個路過的人以為男方在對女方性騷擾，衝過去把男方打一頓，結果他被這對男女控告傷害罪，而他辯解自己親眼看到男方要騷擾女方才仗義相救，事實上，被侵犯的女方根本不認為她被侵犯，他們只是在玩鬧罷了。

「這個男的不是太扯和白目了嗎？」

俞傑笑了出來。事實上他所謂的正義，不和這個仗義相助的路人很像嗎？欺負者和被欺負者有時只不過是在玩遊戲而已。

「周瑜棒打黃蓋，一個願打、一個願挨。」

俞傑似乎懂了我的想法，提出他的結論。我鼓勵他保有自己的正直，不做自己認為不對的事，也鼓勵他的正義感，但必須先學會弄清楚事情真相，保護好自己，才能發揮真正的正義。

「如何判斷是非和正義真假呢？」

「多給自己和對方一點時間，當你決定要做一件事時，先弄清楚事情真相。每一個人都有自己獨特的看法，尊重別人和自己的不同，相信每一個人都會趨吉避害，如果當事人都不維護自己的權益，表示我們也不用太急進的想為他們做什麼。」

「好像我真的做錯了……」

俞傑並沒有做錯什麼，他只是多了一次學習機會；類似的狀況再發生時，他還是會有衝動要去做「什麼事」。這件事已經過去，打人就是不對的，我希望他就此向同學道歉，和這些同學和解，讓自己有機會再重回教室，在教室時自己能有好心情安心讀書，這才是他的本分。在一個團體裡，我們要學習找到一個讓自己舒服和自在的位置，英雄常是孤單寂寞的，這個社會有著各式各樣表現的人，而我們要了解自己的需求是什麼，一切都由我們自己決定和選擇。

俞傑離開時，他決定好好考慮我的建議，和對方和解，他的背影已經不再僵直緊繃。

「好一個正義的使者！」俞傑讓我們看到了屬於自己的許多影子。

關鍵小語

外在世界紛紛擾擾，不公不義的事件層出不窮，這個世界一千年前如此，一千年後也不會有太大改變，我們可以抱怨、憤怒，也可以學習讓自己好過些。我們改變不了別人，我們卻可以調整自己。

每一個人都是獨特的，有什麼理由讓自己去傷害別人，讓自己住進有形甚至無形的監牢呢？一切都是由我們自己決定，自己才是一切的關鍵！

讓生活的負擔變簡單

讓辛苦的自己稍微和緩一下吧！家庭不是單靠哪個人就可以維持的，放鬆心情，把自己的角色分攤給家人，才能創造「命運共同體」喔！

文琳是聽我的演講，打電話來向我求助的訪談對象。她出生於大家庭，家中有四個孩子，她是意外出生的么女，和爸媽差了四十多歲，和哥哥姐姐也都相差了十幾歲，從小就很孤單，成年之後，爸媽老了需要有人照顧，她因而延誤了婚期，到了快三十歲才嫁給大她十幾歲的先生。她的父母認為先生年紀大比較會疼太太，可是事實正好相反，她感覺一輩子都在侍候老人家，做老人家的「超級女傭」。這些事她都做得無怨無悔，她先生不到五十歲就被公司資遣，接下來的工作一直斷斷續續。她成為家中主要的經濟來源，也是爸媽的主要照顧者，哥哥因意外過世，留下三個離婚後的未成年子女，爺爺奶奶捨不得而帶回來照顧，但大部分都是她在幫忙撫養，後來她又因先生有家暴傾向而離婚，唯一的孩子監護權判給了先生，而先生為了要她按月支付贍養費，控制她不讓她探視孩子。

為了龐大的生活負擔，她一個人兼做三份工作，每天下班都要到餐廳兼差，累到十一、二點才到家，幾乎倒床就睡，凌晨四點就要起床到早餐店幫忙，八點半再去上班。

最近她的父母相繼中風，雖尚可自理生活，但已無能力自我照顧，她考慮要請外傭，而這又會徒增一筆可觀的費用。

「妳的其他哥哥姐姐呢？」

文琳深嘆了一口氣說，哥哥姐姐不僅沒有幫忙，還曾騙兩個老人家交出房屋資料，偷偷去辦借款，幾年前房子還被拍賣，雖然他們都推說沒錢沒時間，但她又能對他們怎樣呢？哥哥的三個孩子都算乖，假如她不幫忙照顧，他們能待在哪裡呢？社會局的協助限制重重，她目前只能勉強以收支平衡，但她覺得自己好累，有撐不下去的感覺。

「老天怎麼這麼不公平……」

文琳只能找我訴苦，我能幫她的也很有限。她曾自嘆自怨的表示，出生至成長的過程，爸媽都老了沒力氣陪她做什麼事，她常羨慕同學的爸媽，陪著他們做這個或那個。她從小就養成自己照顧自己的本領，學會主動照顧家裡的大小事，婚後也沒過過什麼好日子，總是為著生活和家裡兩頭忙；她比較擔心的是她的兒子，跟著一個沒有責任感的父親，而她一點忙都幫不上。最後一次看到孩子，孩子帶著仇視的眼神看她，不肯讓她靠近，這讓她十分的受傷，她覺得再多的苦都比不上無法親近孩子的痛，文琳隔著話筒啜泣，因為她實在很無助。我也十分的惶恐，她經人推薦，特別抽空去聽我演講，今天又請假來電請教我，我能幫她什麼忙嗎？

在她的位置和角色，是誰都會累癱了！她強撐著一天過一天，這一定支持不了多久的。

我要她拿出一張紙，把她所有的角色和工作逐項的列在紙上，然後再依重

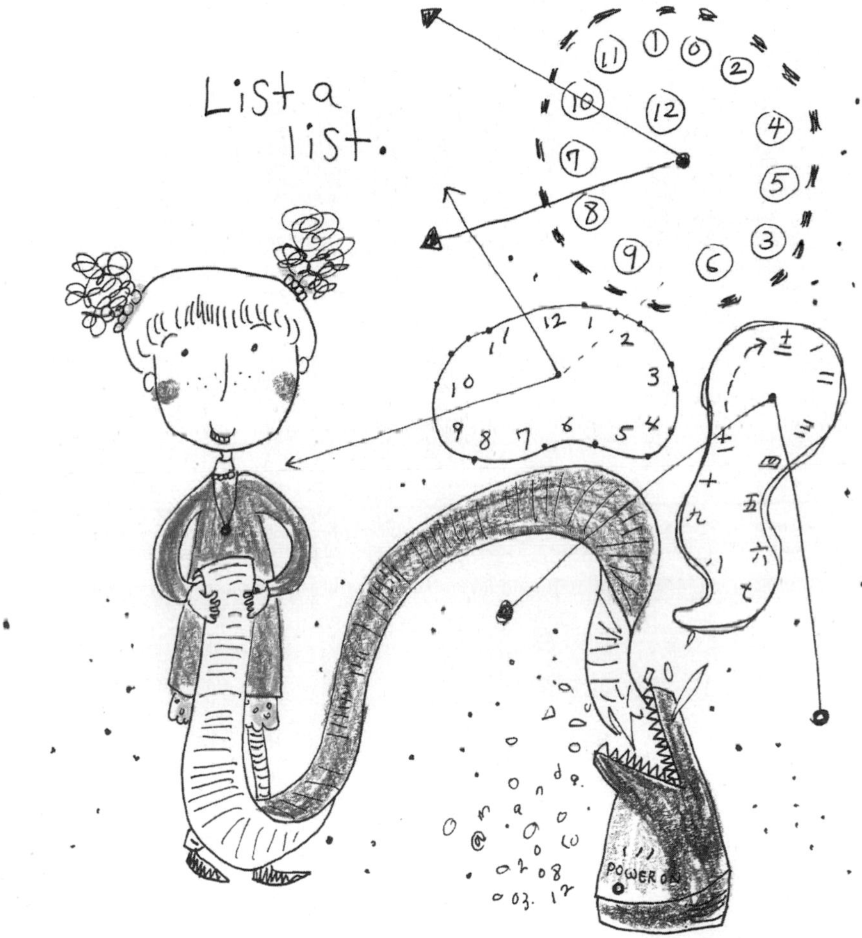
List a list.
POWER ON

要性由內而外的放在同心圓的位置上；她是最關鍵的核心，我想要讓她了解這些角色和工作都很重要，但它們都有輕重緩急，她如果累垮了，這個家的所有功能都將瓦解，現在迫切需要的是找到如何把心力放在非她不可的角色。

照顧自己的健康，每天有足夠的休息，這樣她最多只能兼一份工作；照顧生病的年邁父母、三個未成年的姪子和離婚暫時無法幫到的孩子，她還能有什麼資源可以利用或替代的方案？爸爸媽媽雖年紀大了，只要出門前準備好一天吃用的東西，他們都還能自己熱食物、照顧自己，甚至他們還可以幫忙整理垃圾、曬曬衣服；三個姪子，最大的上高職，最小的小學六年級，可以互相照顧，還可以請他們協助照顧爺爺奶奶，學費申請助學貸款，生活費一切從簡；目前無法幫助的孩子就先把他放下，等有機會再提供協助；她專心的上班、打工，每天工作十一小時，還有足夠時間休息。事實上，她看起來負擔很重，仔細分析也都還好，最重要的是她過度操勞，多兼了一份工作，最後她衡量早餐店每小時給她的鐘點費較高，決定辭掉晚班到餐廳的兼差。

文琳看到了寫在紙上的圖和文字，她有些詫異，她這麼累怎麼只可能做這一點事呢？又要帶爸媽去看病，要繳這個費用、那個費用，一點點的薪水真的很不夠，再說到人力資源問題，有許多可以省略或替代的方式，未必任何事都要自己去做不可。她自己做習慣了，別人都沒有機會插手，當然所有事都會變成她一個人的事。

「做事容易，做人難啊！」

文琳唉聲嘆氣，我想一定累積許多不愉快的經驗。

「妳從這些年的經驗中學到了什麼？」

「凡事不可以太雞婆，把自己顧好就可以了。」

這樣的心得充滿了後悔和自責。她覺得父母是應該照顧的，三個姪子又很聽話懂事，也沒給她惹什麼麻煩，她沒有道理不去照顧他們，那什麼是多餘的呢？不該結婚？不該生孩子？她「雞婆」多做了什麼？在對談過程中，她再一次覺得她好像也沒多付出什麼，那麼為何她還會覺得自己命苦呢？我的分析是：她怨天尤人的習慣所導致，我一天也常工作十幾小時，身體雖然很累，內心卻十分滿足，因為這些事是我自己選擇的，該做的事若我們勇敢的去承擔，就像撥空和她談話是我願意的，這就沒什麼好抱怨。

我努力的希望讓文琳了解，她拚命賺錢，自己卻沒有享受到。大部分人也都如此，我們的所得也是要按月供養父母和家庭所需，不時還要捐獻給慈善工作，我們也很少買多餘的東西，一件衣服都穿好幾年，家裡就一雙涼鞋、一雙運動鞋、一雙皮鞋，手提包用了五、六年了，已經有好長一段時間不曾到大賣場或百貨公司購物，生活的需要愈來愈簡單，生命卻愈來愈豐富，一切都是我們的「心」得到滿足了。

「有愛的人，即使一無所有他也會富如國王；一個沒有愛的人，占有了全世界，他依然貧如乞丐。」

我突然想到我孩子在他寫的《陪你去環島》一書的結語，就順口說了出來，文琳恍然大悟，她覺得她很窮，因為不曾被真正愛過。

我哈哈大笑，她真的很窮，富有的人享受付出愛給別人，她付出如此多的心力和辛苦，竟然還很窮。她真的很窮，因為不知道自己的富有，別的兄姐沒有能力照顧爸媽，她全包了爸媽的愛，還意外照顧別人的小孩，唯一小小的遺憾，是自己的孩子無緣享受她的愛。

文琳原以為我會同理她的可憐，沒料到我卻嘲弄了她一番。

「一個有福的人，要能領受，福才會源源而來，才有能力服務更多的人，領受生命更多、更豐盛的經歷。」

文琳是個有福的人，她卻一直以為她是最不幸的受難者。一個沒有愛的人，什麼都不肯做，因為只覺得自己是辛苦和不幸的；一個有愛的人，在付出中感恩讓他服務、學習機會的所有人，如果我一開始就對文琳講這樣的話，她一定會認為我在嘲諷她，但經過一個多小時的談話，她已逐漸了解，讓她覺得辛苦的不是事件，而是她無從逃避的責任。她所付出的並不多，但因同一件事折磨著她，教她心生厭倦，因此我告訴她，要給自己足夠的時間休息，把每件事當成自己喜歡的事來做，每天就有足夠的能量應付所有的負荷。

同樣的工作，我們不能改變，不如試著去感恩它們的存在；我們表面上在為別人付出，事實上，我們只為自己而生活。

澄清了自己內在困擾的文琳，可以感受她心情的輕鬆，最後我也希望她把睡覺當成重要的工作，睡飽了，許多事都能比較容易積極思考。語畢，她露出難得的笑聲，也就帶著這樣的微笑，重新去面對她的生活，我也鬆了一口氣，因為她從我這兒帶了些禮物回去！

關鍵小語

給自己一張清單，把生活中所有辛苦難過的事全列出來，看看這些事真正花了我們多少時間：哪些事我們可以輕輕帶過，只演路人的角色；哪些事我們是非要辛勞付出、不可逃避付出的真正的主角。如何從付出中獲得回饋，讓自己不要白做這件事；回饋不是要求別人感謝，而是我們從這裡學習到愛與被愛的經驗。我們做一件辛苦的事，其中如果有愛，非但不會再覺得辛苦，還會感恩上天的恩典，讓我們豐盛和富有。

別做一個辛苦付出，而只得到痛苦和怨恨的人，那可真是人間最大的懲罰，一切都決定於我們自己喔！

做個真正富有的人

有錢真好，但一個家如果只是有錢但沒有流動的愛，就不是真正的富有；做個真正富有的人，首先就要從關心家人做起。

仁宏是我多年的朋友，他從事企業的經營，非常有成就。從我認識他到現在，很難就他的外表看出他是個身價非凡的企業家，因為他衣著總是樸實，開的是普通的轎車，他喜歡運動打球，但都是在一般的球場，住的也是簡單的公寓。我曾問他這麼有錢為什麼不住豪宅或開好一點的車子，他告訴我要了解自己的需求；從小他就住在公寓，和鄰居成為好朋友，車子只是交通工具，隨便停放也不怕被偷、被搶，若到私人俱樂部打球、游泳，遇到的這個人也重要、那個人也重要，想放輕鬆恐怕都很難。

金錢只是數字，我們真正需要的總是很有限，為什麼我們要因為有錢，而做一些自己不需要，也不適合的事呢？

仁宏很有趣，因為我們都喜歡騎腳踏車，所以常約在河濱公園騎車，他的車是用了十幾年的老舊登山車，我們常笑他該回收了，他卻洋洋得意的告訴我們，這是一輛寫滿紀錄的自行車，曾經環過島，也騎過中横、北横、南横，他準備退休之後，有足夠的時間還要騎著他的古董鐵馬和身上穿的這件衣服，横越中國（他這件衣服舊得有點像抹布，我是絕不會穿這樣的衣服）。根據他的說法，他要將這件衣服寫滿他人生的紀錄，然後在人生終點時和他一起火化，我們可笑翻了，因為再過幾十年，這件衣服恐怕早已破爛不堪了！我們開玩笑的和著，他最好先預立遺囑，一定要關照我們這幾個難兄難弟，分一些遺產給我們，而仁宏笑答：「我還有許多事要做，短期內死不了的！」

最近仁宏的公司遷去中國，我們比較少有機會見面，前陣子他回來，我問了他一些工作方面的問題，他告訴我剛開始很不能適應，要把每一個員工都當賊一樣防備，每天下班要派幹部在工廠門口檢查包包，以防員工把零件或成品帶出去販賣，他覺得這有違人性的尊嚴，誰知他才一取消檢查包包的命令，果然有員工把機器上的重要零件拆走，隔天整條生產線因而停工，但他也未因此而改變心意，恢復檢查包包。

他認為許多中國人窮怕了，眼裡只有錢，能馬上撈就撈，別人怎樣看待都無關己事，他們認為要能先滿足所有生活需求，才能進一步的學習如何關心社會和其他的人。

我很好奇，少了重要零件的生產線後來如何處理，因為生產線都有錄影設備，一查就知道誰拿走的，要那個員工回家把零件拿回來，裝上去不就好了嗎？他還順帶講了個真實的笑話，有個員工看到自己被監視器拍到，還死不承認那個人就是他，要幹部拿出證據，否則要告公司誣告，最後公司把錄影帶交給公安，他們對付這類事漸漸有經驗，兩、三下就解決了。

「這件事給了你什麼啟示呢？」

我原以為仁宏會說出對人性失望的話，而他卻語重心長的告訴我，人要彼此信任是很難的。在商場上鮮少有真正的朋友，只有像我這種單純騎車或玩樂的朋友，他才能夠放輕鬆；平時他在商場上就只談生意，很少談及內心的想法，大家吃吃喝喝表面上很熱絡，其實彼此卻很疏遠和陌生。他對這些員工只有一個想法，大家彼此共生互助，老闆承擔老闆的風險和壓力，盡可能的為員工謀福利，他的員工都比附近員工多百分之五十的薪水，這是他們該得的，而員工必須為公司全心全意投入，這是他們的責任。另外，千萬不要以為對員工好，員工就會對老闆忠誠或有情有義，只要有更好的工作環境和條件，任誰都會動心要跳槽，公司一旦有災難，任何一個股東和幹部都會想另謀出路，這是人性的需求，所以他在為員工謀福利時，都告訴員工不需要感謝，因為這是他們努力應該得到的。

永續經營只是個理想，一個企業要生存就要不斷的跟隨時代脈動，不斷的接受挑戰，能通過考驗的就繼續存活，不適者就會被迅速淘汰，現在當紅的科技新貴，下一波潮流若沒抓穩抓牢，很可能就會被洪水淹沒。經營企業就是這樣，隨時都要有高度的警覺。

仁宏是個企業人，卻沒有豪宅、名車，他很清楚簡單的生活，是自己要

的，在起起落落的人生遭遇中才不會患得患失。

「有什麼理由讓你願意這麼辛苦的工作？」

「辛苦？」

據仁宏的說法，那是比較而來的，他的員工可能比他更辛苦。在公司中，他始終如一，住三十坪左右的房子，開中等價位的車子，他在中國的司機常覺得開他的車很沒面子，因為經理線幹部，個個都住百坪以上的房子，開雙B名車；但仁宏覺得他們才辛苦，為了這些非必要的東西與昂貴的生活開銷而拚命工作，他算過，他不需要過老闆的生活，只需要以一般員工的方式與條件就可以了，他現在的存款可以讓他用三百年，他覺得自己很富有，所以，他長期匿名認養中小學的貧窮學生，他認為自己出身窮苦童年，能幫這些孩子一點忙，就像在幫過去的自己一樣。把一部名牌車子換成中等價位的車子，這些孩子一年的生活教育費用便無太大問題，即使擁有百坪的房子，每天最常用的也只是客廳和臥房，其實三十坪就很足夠了，把剩下七十坪省下來的錢，幫助貧困的孩子，讓他們溫飽和讀書，其實更有意義。

我聽了仁宏的話十分感動，我們是小角色，捐不起大數目的錢，所以我和內人商量，何不學習仁宏每年匿名捐些錢給貧窮學生，幫他們代繳午餐費和學費。

「你是真正富有的人，手邊有餘錢，想做什麼都可以毫無考慮，還有餘力去幫助真正需要幫助的人。」

的確，我們的世界應該多一些像仁宏這樣的企業家，始終保持自己簡單的生活，把剩餘的財富分享給需要的人；或許企業經營有起有落，但仁宏內心的富有卻不會改變。雖然每年和仁宏難得見到一次面，然而每次見面都讓我發覺自己的幸福和富有，我開玩笑的說，以前我們會要他的遺產，想不到他還沒往生就分給我們真正的富有資產。

「想法改變，人的命運就會改變。」

他爽朗的笑聲震撼了我的心，他告訴我他也窮過，為了錢、為了工作忙到「沒日沒夜」，最後病倒了，還發現自己感染了癌細胞。他想：人如果沒了命，背負著再大再多的頭銜和銀行的存款，又有何意義呢？他是一個已經死過的人，現在他每活一天就賺一天；癌細胞還在，但沒有惡化和擴大，趁活著的時候多做些自己想做的事，他現在已經分期完成他橫越中國的夢想，不為什麼，只是把人生的夢想，逐一實踐而已！

關鍵小語

我認識很多有錢的人，仁宏是我敬佩的其中之一，他常說他的錢是別人寄放的，要用在最有價值和需要的地方；他沒有獲得熱心公益的感謝狀，他卻給予自己生命最好的獎項，因為他讓自己的每一天都生活得幸福和自在。

一個富有的人，如證嚴法師所說的，「不是占有的多，而應是擁有最多的人。」從仁宏身上我學到了，富有不是銀行的存款數字多寡或房子幾棟，而是我們生命的經歷和擁有。我們未必有能力捐錢給別人，平時多多給予歡喜和幸福，我們就會成為一個歡喜和幸福的人，一切都從我們自己身邊做起！

學習疼惜自己

生命中的喜樂總是圍繞在我們身邊，只是我們常常忘記停下腳步發現它的存在；換個角度，你的生活便會更愉快！

「為什麼都沒有人關心我？」

薏如是我輔導的個案，她已經國二了，看起來卻像個國小二年級的學生。她習慣伸手向別人討關心、要同情，當別人準備要關注她時，她就表現出一副不耐煩、被打擾的樣子，她的爸媽常被她弄得心浮氣躁，剛接她個案時我也是被她耍得團團轉。

她常拿小事作文章，有一次她拿連絡簿給我看，她說她要控告導師汙辱她的人格，我看她的連絡簿寫得稀稀落落、隨便應付，也難怪導師會在上面評注「請寫像人寫的字！」，因為那天導師要他們寫校外教學心得，她不僅用畫的，而且還塗塗改改，看起來就像小學生的塗鴉簿，所以她覺得老師說她不是人，嚴重傷害她的人格。我反問她，如果她是老師，看到這種連絡簿，會有什麼回應，她竟嘻皮笑臉的說「撕掉重寫！」，最後她還是覺得老師很「機車」，如果再找她麻煩，她要在營養午餐裡給老師加粉筆灰。對於這樣不懂事的學生，我想她的老師鐵定頭痛不已！

每一次我遇到特別情況，我都會思考：這樣的孩子，是在怎樣的教養環境下被形塑的呢？薏如習慣向別人討愛、討關心，卻畏懼別人靠近，又指責別人欠缺自省習慣，未來不僅在人際關係方面會出問題（真正的問題在於她的習慣，所塑造的人格特質），還會不斷的在生命中製造糾紛和衝突，讓自己陷入難以解脫的困境，最終她甚至會憤世嫉俗的認為全世界人都與她為敵。

我約談了薏如的媽媽，和她談了一個多小時，讓我覺得有些筋疲力竭，因為她講話的模式是用否定、質疑的口氣，我試著平心靜氣去和她搭上線，最後我發現一個人的習慣養成非一朝一夕，要改變也絕非易事，以下是我和她談話的過程。

「妳是一個辛苦的媽媽。」

「辛苦如果有代價，辛苦就還值得，但我是在拖命還債呀！」

我還來不及回答，她就自顧自的陳述：很小的時候，她的媽媽改嫁，她是拖油瓶而且還是大姐，為了不讓繼父和他的孩子看輕，她勤奮工作服侍一家大小，但該她得到的她什麼都得不到，國中畢業她就自動放棄讀書，到工廠工作補貼家用，她把所有薪水貢獻出來，而家人都還認為她有私藏錢，出嫁時沒有給她嫁妝（薄薄的金飾風一吹就會跑，鞋子和衣服全是借來的），嫁到夫家後讓她抬不起頭。婚後她還是很認分的工作，一個人煮全家人吃的飯，洗全家人的衣服，而且家裡只要有任何人不高興就給她臉色看，甩門摔東西，挨罵的通通是她，被稱讚的從沒有她的份。

「可憐啊！好吃的都要留給先生和孩子吃，一年到頭連件喜歡的衣服都捨不得買，省吃儉用存下來的錢，不是被倒會，就是借人沒還，要不就是給先生賭博輸掉了……」

我看她講得很辛苦，幫她加油添醋，她很驚訝的問我怎麼會知道她的事，我開玩笑的說新聞有報導過啊！

以前的我也很納悶，為什麼苦命倒楣的事全集中在這些人身上，後來我漸漸領悟到，這些倒楣不幸的事，是他們的人格特質所招致的：犧牲自己的享受，提供服務給別人，過度操勞自己卻得不到他人的珍惜和感恩，自怨自艾的又惹人厭，卻始終不了解別人的反應來自我們的言行。我很想坦白的告訴薏如的媽媽，別再這樣折磨自己和周遭的人，大家表面上都需要她，但接受她的「服務」會十分的不舒服。

「薏如的媽媽，怎樣才能讓妳自己過得舒服和快樂一點呢？」

「我不敢想！這群豬、狗、牛，別再拖磨我就千幸萬幸了。」

她的存在真的是在為別人「拖磨」嗎？我認為她所想像的辛苦，大部分來自於她的不耐煩和不情願。

「在家裡，什麼事讓妳覺得最辛苦呢？」

她叨叨唸了一堆：貸款未還欠債未了、生活中需要這個錢那個錢、人情世事這個結婚那個死掉、老的要她照顧小的不聽話要她煩心……

「當中哪件事讓妳覺得負擔最重，最難承擔的呢？」

「錢啊，有錢萬事皆通。」

這個社會缺錢的人多的是，我看過薏如的家庭資料，爸媽都還有固定工作，收入雖不算豐富，每月所得用於一般支出，過普通生活應該都不成問題。

薏如的媽媽又繼續抱怨：哪一個親戚借錢還沒還，被哪一個朋友倒債多少錢，公婆的生活費……，和她談話半小時，同樣的事已經提了三次，所以我把話題轉到她的先生。

對於先生，似乎她也沒什麼好的評語：要吃好的又不肯多賺錢、動不動就粗暴的對待她、在幾年前罵過她的話她都還記得……，她咬牙切齒的詛咒先生如果比她早死，她就不祭拜他，要讓他在陰間做個餓鬼！

「妳這一生有什麼快樂的事嗎？」

「快樂？一秒鐘也沒有過！」

「有什麼值得妳高興的事嗎？」

「快一點解脫，可能會舒服一點。」

我簡直要被她負向思考的壓力給吞沒了。

「妳愛薏如嗎？」

媽媽瞪我一眼，好像我問錯了什麼問題。

「老師，你覺得我不愛薏如嗎？」

「媽媽妳的確為薏如做了許多事，但薏如可能收到妳的愛和關心並不多，並不認為妳是愛她的。」

薏如的媽媽臉沉了下來，她沒有多做解釋，喃喃自語的說自己就是「歹命」，做死做活都得不到別人的感謝。

「妳愛妳自己嗎？關心過自己嗎？」

她抓抓自己的頭髮，看看自己的衣服，以為我發現她服裝不整，我也才比較仔細的看看她的衣著，的確是有些過度樸實了，這褪了色的套裝，大概是她的工作服吧。

「我就是捨不得穿、捨不得吃。」

會愛自己和對自己好的人，幸福才會常常在身邊圍繞，沒有哪個先生和孩子不喜歡太太和媽媽打扮得漂漂亮亮，每天臉上都掛著笑容。

「穿水水，孩子就會乖，先生就會體貼？那我不就可以不做事就有飯吃？」

她有點不耐煩再聽我多說。的確也是，今天是因她的孩子，她才坐在這裡配合我談話，因此我謝謝她，並告訴她我從薏如身上看到的態度。不是父母做錯什麼事，而是我們為人父母者，對待孩子的模式將會重重影響他們。我一再強調我的善意，但薏如的媽媽似乎不領情，因為有太多的老師這樣對她說，「要改變孩子先要改變自己」，她聽了很生氣，有一次她低聲下氣的和薏如溝通，甚至向薏如下跪，求她做個乖孩子，但根本沒有效果。她反問我，要怎樣做，她才算是個好媽媽？

她情緒有些失控，我心情也沉了下來，我心中默禱著：「神啊，我沒有能力協助我眼前的朋友，我需要您的帶領和協助，請帶領這個陷在痛苦深淵的媽媽，能夠了解離苦得樂的途徑。」

薏如的媽媽看我沉默不語，以為自己講錯了什麼話或做錯了什麼事，因而立刻向我道歉。我很坦誠的告訴她我想幫她卻幫不了，我向神求助，希望祂能幫她解脫生命中的苦難。

她很驚訝，我應該求神幫忙她的女兒，不要如此的頑劣折磨她嗎？但我明白的告訴她，我們改變，孩子很自然的也會改變，她的臉色柔和了下來，緊繃和對抗的眼神不再，她略帶哽咽的聲音，亦表達了對我的謝忱。我告訴她，看到她這麼的辛苦，卻得不到該得的，我是十分的不捨；辛苦努力的人，該得喜樂，而非折磨，我祝福她能從生命的悲情中，發現上天給她的祝福，她雖不能立刻了解我的意思，但離去時她接受了我的祝福，露出久違的笑容。

關鍵小語

誰掌控了我們的命運？

我經常接到類似的求助電話，但很少有人會相信問題不是出在另一半和孩子身上，而是來自於我們的不耐煩。孩子需要的不是答案，而是一段陪伴的歷程，孩子會有情緒風暴和飄浮不定的思想，大人自己何嘗不是如此呢？

我們很想搞定家庭關係，讓自己安心過生活，然而，我們可曾搞定自己呢？我們遇到不如期待的狀況就心生厭煩，不肯多用點心去了解自己和家人；同一件事在內心裡總是翻攪不定，該如何期待另一半和孩子給我們什麼良性互動呢？

過去已發生的事不能改變，但對現在及未來，我們能夠有許多選擇。下一片刻的命運，就在此刻重新決定！做一個自己滿意歡喜的人，做一個懂得疼惜自己、愛自己的人！如果我們不在乎自己，誰還會在乎我們呢？

我們都不肯用心疼惜自己，誰會呢？一切改變都從自己開始，從現在起，
下定決心做個掌控自己命運的人喔！

Part 4

讓愛流動

經常聽到許多流行歌曲都在強調「愛！愛！愛！」，愛是什麼呢？如果我們尚未了解而盲目的尋找，或是根本不把內在需求當成一回事看待，我們可能會虛耗許多心力在無關的事物上；這個世界除了愛之外，沒有更吸引人的事物，所有珍貴的東西如鑽石和黃金，也不過是拿來傳達愛意的工具，就算擁抱再多再名貴的鑽石和黃金，也買不到片刻愛的滋味。

愛是個經歷，我們必須要給它時間和空間，它才容易流動；愛只能被經驗卻不能被物質占有！

只因為有愛

孩子會出現生活問題，家長得負上很大的責任；以鼓勵代替責備，並多付出耐心，彼此扶持，共度一段充滿愛的學習之路。

孟揚從小就是個令人頭疼的孩子，這次因為好奇觸碰了大廈的火災警報器，引起了一陣騷動，因此被移送法辦。這原本不是什麼大不了的事，因他一時的好奇無心惹出了想像不到的麻煩；如果他只是個小學生，還可以被諒解，但他已經是個高中生了，因為好奇他已經惹了非常多的麻煩：拉開別人的車門，被誤以為是小偷；把廁所的門反扣，讓別人出不來。他做了許多令爸媽困擾的事，爸媽擔心他可能還會因為好奇再惹出什麼問題。

孟揚的媽媽在和我談話時，告訴我孟揚小時候被醫師診斷有過動傾向和感覺統合等等問題，因而接受了長期的治療，但仍有許多問題有待改善。孟揚是個令父母頭疼的孩子，可以在上學途中，突然跳上一部不知要駛向哪裡的公車，然後一部換一部的坐。他的智力普通，自制力卻比同年齡的孩子差很多。我在輔導他的過程確實有特別注意他，媽媽說孟揚從小不知惹了多少禍，用盡所有知道的方法，勸說鼓勵無效，打罵也是無用，有一陣子爸爸氣不過，只要孟揚在學校調皮惹禍，就在兒子的手臂燙個菸疤，國中之後孟揚學會抽菸，只要做出令自己後悔的事，他就有樣學樣的在手臂上燙菸疤來懲罰自己，甚至還有幾次在爸媽罵他時，他當場就在他們面前點菸燙手臂。聽了媽媽陳述，我的眼前浮現孟揚冷酷的臉，他正拿著菸燙著自己的手臂，此時我的手臂竟也有陣陣抽痛！

孟揚的手臂布滿深色的斑點，我之前以為他有皮膚病，在聽完媽媽的說明後，我對孟揚心生悲憫。他做錯了什麼呢？我的成長歷程中，有好長一段時間無法專注，所以學習成績很差，常引來老師的責罰和同學的嘲弄，我也常做出連自己都很難合理說明的行為，為了怕被處罰，我習慣性的說謊和編故事，但這都是國小、國中階段的事，然而孟揚到了高中還無法有自律的能力，這的確是一件教人痛苦的事。我認為這不是孟揚可以控制的，他也想讓自己的行為符合人我的期待，我看著媽媽一臉心疼又無奈的神情，心想，當孟揚的爸媽也真的不好過。我向她解釋，孟揚不是一個有問題的孩子，只是需要多一些協助；孟揚終究會長大，未來他也會為人父母，現在我們對待他的方式，未來就是他對待他孩子的方式，他目前需要的可能是更多的諒解，而不是嚴厲的管教。因為爸媽已經用了那麼多的激烈方法，仍無法改善孟揚許多不經意的行為，那麼，為什麼還要繼續用這種具有傷害性的方式對待孟揚呢？

「哎呀，當父母真難，每天都提心吊膽，害怕他還會出什麼事，我們都已經懶得講他、罵他了，上輩子欠他的，這輩子就好好還吧！」

媽媽似乎不想多改變什麼。上次因亂按火災警報器的賠償仍在協調，恐怕會是一筆難以想像的龐大數字，他們擔心一輩子辛苦所擁有的房子可能因此會被查封拍賣。面對孟揚這樣一個特別的孩子，我如果是他的父母，我的情緒也會經常失控吧！

「我幫不上什麼忙。即使把孟揚關起來，也只是短暫的解套方式，以我所了解，他真的不是故意闖禍，他這陣子也很自責，壓力也很大。」

我建議要讓孟揚持續接受治療，吃藥未必能讓孟揚變成一個遵循常規的孩子，但至少不會再惡化。

「我們已經付出那麼多了，情況還是一樣，要怎麼做，家裡才可以快樂幸福一些呢？不然的話，大家最後可能都要一起燒炭自殺！」

媽媽似乎也受到愈來愈多自殺的新聞影響，深深的嘆了口氣。自殺是最不得已的消極逃避方法，我告訴她，上天在選擇孟揚的父母時一定經過了仔細的挑選，孟揚要從父母身上學習，爸媽也要在孟揚身上做功課。接下來我告訴她一些我的觀察：孟揚的類推能力比較差，他無法從相似的事物學習到共同的經驗，但他卻很少犯一模一樣的錯誤，他一直在進步，時間可能要長一點；類似按火災警報器這樣重大的錯誤，他應該不會再犯，而且這個事件所造成的損害，也未必都要孟揚和爸媽負責。

我提供了幾種方法要爸媽協助孟揚提升自我管理能力：因他很容易分心和

受到打擾，所以，我要爸媽把孟揚一天該做的事，從起床到睡覺，做成一張明細表，做到就打勾，依時間逐項來檢查，並做成可以夾在小手冊的表格，供孟揚隨時自我檢查，只要一段時間，孟揚養成隨時提醒自己下一件該做的事，注意力就不容易被突如其來的思考打斷，而做出與他生活作息無關的事。我會設計一個類似連絡簿的表格，供爸媽簽名，目的是藉此每天給孟揚加分及鼓勵，讓他看見自己努力的結果。

我輔導孟揚時也提供了協助他找回專注力的方法，並針對他過度衝動的問題，給他一個確認自己行為的小卡片，當他有突發的想法立刻用卡片來自我檢視，比如這個時間是什麼時間？這個時間我應該做什麼？提醒孟揚把專注力放在該做的事，避免被自己胡亂竄的思緒干擾。我以星座做比喻，射手座的孟揚，優點是點子很多，缺點就是常忘了什麼是真正重要的事，常常因著突然的靈感就貿然行事，因此要善用自己的優勢能力，讓它發揮有利的功能，並避免缺憾的發生。

「孟揚！你一直都是個很棒的人，很有創意，只是你現在可能無法放在很

Love
beverage.

適合的位置上，如果給你一個可以自由發揮的空間，我相信你會比任何人都表現得更好！」

為了將來，我希望孟揚從現在開始學習和自己好好相處，別給自己惹麻煩，隨時保持高度警覺，這樣就可以過著平順的生活。

我也告訴爸媽，孟揚會出現許多意外，這是他目前不易即刻改善的特質，醫生開的藥能改善的也很有限，父母的愛才是真正療癒的良方，別企圖馬上就見到效果，對於孟揚這樣的孩子，更要加強他的情緒品質，他心煩意亂時更會思緒紛飛，情緒不好時他就會負面思考。每天都存一份愛的存款，給孟揚肯定與讚美，他是個生病的孩子，不是故意給爸媽找麻煩的，因為他常不知道自己正在做什麼。最後我還強調有空就多給孟揚鼓勵，正向的語言有益他內心的平靜。

經過一年多，每次見面我都是以這樣的鼓勵肯定爸媽和孟揚，他情況改善的速度出乎預料，他告訴我，最大的幸福，就是回家看到有笑容的爸媽！

關鍵小語

愛終於在孟揚的親子之間流動，我始終相信沒有一件事或一個人，能不被愛所改變。我們在生活中已經有太多的辛苦，沒有愛，我們的希望在哪裡呢？

讓愛流動，愛會治癒我們一切的苦痛、愛會給我們生命的希望。

永遠的支持

改變外在的世界不如徹底改變自己的心，學好學壞存乎一心，只要拿出定力，再多的誘惑也只是一陣輕煙，不會留下生命的負擔喔！

在我輔導的個案中，榮堂是少數讓我擔心不已的孩子，他個性豪爽、講義氣、重友情。爸媽都為生活忙碌，做路邊小吃攤，榮堂不愛讀書，國中畢業曾在家短期幫忙，但大部分時間都在四處遊蕩，有很長一段時間跟著廟會跳八家將，爸媽忙著工作也沒太多心力理他。

他在執行感化教育時，爸爸車禍意外身亡，他覺得自己身為長子應該為家裡做些事，自輔育院出來後的幾個月時間，都跟著媽媽一起做路邊攤生意，各項表現也都正常，直到有一天，執行感化教育的同學和以前的玩樂朋友再度聚首，他們常在榮堂生意結束之後來找他，剛開始只是在攤子吃吃喝喝，媽媽也不在意，後來就一群人在他下班後約他騎車四處玩樂。他們經常玩過頭，一、兩天不回家也找不到人，有一天警察來找媽媽，懷疑榮堂涉及多起搶奪強盜案件，媽媽被帶到警局指認，這讓她很氣憤，全身忍不住的發抖起來。一群人騎機車搶奪路人的皮包，不從者還被他們拖行並用腳踹，雖然錄影帶很模糊，但她一眼就認出當中有個身影是榮堂，不過她沒告訴警察，只告訴警察「有點像，但應該不是」。

榮堂的媽媽好不容易找到榮堂，媽媽質問時，榮堂不否認也不承認，媽媽要榮堂敢做敢當、趕快自首，親子為此起了衝突，榮堂一氣之下外出，之後就未再回家，媽媽每天都提心吊膽，果然有天半夜被警察通知，榮堂和朋友一起犯案，被警察捉到了！媽媽打電話告訴我時，十分的悲傷，她說先生過世，家裡還有一個殘障的小兒子，唯一的希望全放在榮堂身上，他卻這麼不成材，她實在活不下去了！

我去榮堂家裡做家訪，也到觀護所訪視榮堂，媽媽可能太勞累和傷心，在無助的情況下去神壇求神問卜，乩童看到榮堂的名字，就對媽媽說這個孩子命很硬非把全家人全剋死不可；榮堂的「榮」字，兩根蠟燭擺了一口棺木，所以剋死了他爸爸，他的「堂」字，是另一口棺木，還未下土，接著很可能就會剋死媽媽，乩童要媽媽和榮堂斷絕母子關係，不要探視他，趕快搬家讓榮堂找不到她。

我要媽媽了解一件事，事情沒有好或不好，關鍵在於我們的想法，我們正向積極思考，不好的事也會有好的結果；如果一件好事，往不好的地方思考，它也會有不好的結果。媽媽這幾天經常負面思考、擔心太多，一直都未能好好的入睡，結果也只是累壞了自己。榮堂的名字實在太好作文章了，如果會剋父母，為什麼十幾年後才剋，而不是一出生取好了名字就剋死父母呢？榮堂不是壞孩子，如果媽媽離棄他，或因他而自殺，他就沒有學好的希望，以他好結交朋友的個性，以後很可能會成為危害社會的大壞蛋。父母親有責任把孩子教好，讓他們在社會上立足，如果我們不教、教不好，又逃避責任，孩子會更自暴自棄。我希望媽媽一定要有勇氣和信心，繼續陪榮堂度過他人生最灰暗的一段歷程，繼續鼓勵他、支持他，等待他服刑出獄，母子再好好經營這個小吃攤。

媽媽剛開始還是深信乩童講的話，我則告訴媽媽，善有善報、惡有惡報，如果孩子成為禍害並危害人群，躲到哪裡神明都不會放過的，如果覺得榮堂名字有問題，以後幫他改個吉祥的名字不就好了嗎？媽媽最後聽了我的勸導，每一週至少都去探視榮堂一次，她還幫榮堂改了「冠福」的名字，一聽到這個名字我覺得有點怪怪的，後來媽媽告訴我，用閩南語的諧音「灌福」，希望把福氣灌下去，讓榮堂成為有福的人。

每次探視冠福時我都跟他說，媽媽每天都期待著他趕快回家，能幫她做生意，她一個人經營小吃攤很辛苦，需要他的幫忙。我希望他勇於認錯，在法庭上爭取法官輕判的機會，因為法官都不被他的說詞影響，他早已是法院的常客，他聽了我的勸，真心的認錯寫信給法官，述說自己的責任，他很願意接受應得的懲罰；他只希望法官再給他機會，因為媽媽需要他，殘障的弟弟未來也需要他。由於他的聲淚俱下，多次搶奪加上重傷罪的犯行原本要加重刑期，法官都從輕判了。

在四年六個月的服刑期間，他很認真的學習，就讀了補校，還拿到兩種水電證照。在他假釋前夕，媽媽打電話給我，她擔心未來冠福會再學壞，我告訴媽媽，他回來要讓他完全的了解這個家不能沒有他，讓冠福對家和自己負起責任，而媽媽的角色就是繼續的支持和鼓勵他。

媽媽仍舊憂心的問我：「如果那些壞朋友再來找他怎麼辦？」

「一個人想要學好，沒有人能夠教他學壞；一個人若要變壞，誰都救不了他。」

這是冠福來信告訴我的真心話，我確信媽媽的愛會是他向善向上的力量。我告訴媽媽，如果要冠福持續向善，就要持續給他祝福，而不是擔心和叨叨唸；期待冠福有定力、不受誘惑，就是讓他了解自己的重要性，能因愛的力量而堅持正途。

冠福假釋回來，能否如媽媽的期待，做個奮發向上的人，沒有人敢斷定，但我相信每一個人都有向善及向上的潛質。在犯罪學的研究中，犯罪的巔峰年齡在二十五歲之後開始下降。我認為一個人因好奇而一再的試誤和玩樂，到了二十五歲大概能逐漸了解自己要與不要的是什麼。不做一個被人輕視和瞧不起的人，不做一個沒有希望和前途的人，經歷了年少輕狂，才會比較清楚自己要的是什麼！

關鍵小語

我常在法院看到一些不負責任的父母，從未把孩子教養得當，在孩子犯錯時只會以打罵解決，口裡總常說著我最後給你一次機會，再做錯我就都不再理你類似的話，而且孩子如果再犯錯，父母就真的不再理會孩子了，好像孩子的犯錯從此與他們毫不相干。這些場景一想起來就令人心痛，孩子當然要為自己的行為負責，難道爸媽也不應該有始有終的為自己為人父母的角色盡責嗎？

父母的責任，就是在孩子犯錯時，仍能給予支持和鼓勵。永遠的支持和鼓勵是父母的天職，一個有愛的孩子才有希望，一個被父母期待的孩子才有未來！

留點愛給未來

家庭出現問題的時候，如果我們能夠各退一步，多站在對方的立場思考和體會，許多問題都將不是問題，而是美好的經驗。

瑞珠因先生外遇而提起離婚訴訟，先生被她蠻橫強硬的態度所激怒，決定不擇一切手段，要和她爭奪子女的監護權，為此他們各自花錢請了最好的律師，使盡各種手段一定要讓對方得不到想得到的；他們也不顧自己一切形象，利用各種管道大肆渲染對方的許多隱私，讓彼此在工作及生活上徒增困擾。有一天，瑞珠經由朋友的介紹找到了我，要我協助她爭取監護權，我聽完了她爭取離婚和監護權的過程，只覺得她和她的先生，現在都不夠資格成為孩子的父母：只有仇很、只希望別人痛苦的人，如何能給孩子良好的示範呢？

「婚姻的傷害已經造成，妳、妳的先生和孩子，都因這一段破裂婚姻而成為受害者，妳還要把生命所有的一切甚至未來賠進去嗎？如果妳對孩子還有愛，如果妳對自己還有愛，請放手吧，讓仇恨停止、讓痛苦止住吧！」

她仍然覺得有錯的人是她的先生，一個不忠於婚姻的人應該得到嚴重的懲罰；她的先生不配擁有孩子的愛，而且她的先生有外遇，她絕不能讓她的孩子叫外遇對象一聲媽媽（她激烈的情緒，讓我很懷疑，她的婚姻何以能夠維持十年之久）。她得意的告訴我，她想要的東西，她會不擇手段得到；她不想要的東西，別人也休想得到！

「妳把妳先生當成東西，還是把婚姻或子女當成東西呢？」

「我先生不是東西！他是個惡魔！」

據我從介紹她來找我的朋友口中得知，幾個月前她還未發現先生外遇時，夫妻的感情還如膠似漆，一家人到歐洲去旅遊回來後，為何因一起外遇事件，讓她如此信賴的男人會立即成為惡魔呢？

「我有感情潔癖，我不容許我喜歡的東西有瑕疵！」

「如果妳爭到監護權，發現未來妳的孩子對妳來說也有瑕疵呢？」

瑞珠毫不考慮的說：「我就不要他！」

這樣的話，真的讓我嚇一跳，婚姻和感情是很難完全純潔的，一個人怎麼可能完全的鍾愛另一個人呢？我無法理解，這十年中她竟盲目的相信自己，真以為外遇是突如其來的！

瑞珠對我的質疑，給了一個意外的答案。她來自一個父親也曾外遇的家庭，她自小就下定決心一定要找到一個全心全意愛她的人結婚，她不容許發生在她父母婚姻的挫敗，出現在她的身上，所以當她得知先生有外遇，一開始她無法相信深愛的先生會做出這樣的事，當她證實了之後，便毫不考慮的決定要離婚，而且要不計一切代價來懲罰先生帶給她的傷害。什麼事都有商量的餘地，唯獨外遇不忠這件事，她絕不妥協。她的先生對不起她，因為她結婚之初就告訴先生，她的童年受到不忠於婚姻的父親傷害，她要先生一定要允諾，給她完完全全可以信賴的婚姻。十年來，她見到自己親友在婚姻上發生了許多問題，她唯一自豪的就是擁有別人沒有的幸福美滿婚姻，而今，她的先生毀了她的一切尊嚴！

我一時不知該講些什麼。在我而言，婚姻是一段夫妻彼此學習的歷程，這當中會出現許多意外；任何事情的發生都會是學習的機會，夫妻彼此應該盡最大的努力，避免破壞婚姻的事件發生。但有太多時候和情境，是我們難以預料和控制的。瑞珠反問我，如果我的太太有外遇，我還會要這個婚姻嗎？

男人在情感上，的確是寬以待己、嚴以律人，自己情感上的出軌叫逢場做戲，卻很難容忍自己的太太有任何情感瑕疵。這個問題我沒有認真想過，而我很肯定以我目前對我太太的愛，不論她發生什麼事，我都會因愛她而接受並包容。男人結婚之後，並未因婚姻而終止性的幻想，雖未真正有外遇發生，但以情感的純潔度來看，似乎便有了些許的不完整；女人在性方面雖然比較容易把持，然而如果期待對方毫無瑕疵，我想這也不合乎理性。婚姻既然是個學習的歷程，它就有可能出現難以預料的情況，如果我的另一半有一些感情上的瑕疵，我會設法從中學習，修護彼此受損的愛。

瑞珠對我的說詞一臉不屑模樣，她認為男人就是不可信賴，就是一張嘴巴會說而已，事情如果發生了，情殺自焚最多的還不是男性！瑞珠來找我是要解決她的問題，我們卻花了許多時間在爭論太多的假設性，這些事雖有可能發生，然而我們更需要隨時提醒自己的是，我們真正要的是什麼，並在各種危機中，設一處停損點，不要因小小的擦撞，而毀了我們生命的所有。

「這不是小擦撞！這是我生命難以彌補的遺憾！」瑞珠對我的措詞表達了嚴重的抗議。的確，在她的原生家庭裡，父母婚姻的問題給予她許多傷害，造成她對自己婚姻有完美的期待，這是可以理解的，但是，難道有理由，就可以不顧一切的毀掉自己、另一半和孩子嗎？尤其是孩子，他會長大，未來也可能要進入婚姻，要為人父母，難道大人的任何作為，都不能為這個小生命有所妥協和調整嗎？

一提到孩子，瑞珠強硬的態度才稍稍緩和下來。婚姻失和下，她很能感受孩子的傷，她終於落下了淚水，但她就是不甘心，都是她不忠誠的先生毀了這一切，她沒辦法原諒他，因為她的先生讓她成為別人的笑柄。

「即使妳是一個公眾人物，妳的婚變被拿來炒作，這群人也不是真的關心妳的婚姻；妳不過是閒來無聊的話題，別太在乎別人的看法，誰會真正在乎我們的存在呢？」

這些話有些殘忍，事實卻是如此。我們今天若意外身亡了，工作位置馬上有人補上，一個星期、一個月之後，就不會有任何人會再談起我們；但對於我們的父母、孩子和另一半，這些意外就不是短期間就能煙消雲散的。瑞珠的自負和自滿，傷過她周遭的親友，這也是她不顧一切要毀滅她先生和自己，來維護多年以來期待的完美無瑕婚姻。

「妳的期待，連神話都做不到。白頭偕老、永浴愛河，只是祝福的話，現實裡，婚姻是一段學習成長的歷程，有太多我們預期不到的事會發生，若要求百分之百的完美，會很容易受到挫折的。」

瑞珠十分不滿我的說詞，她覺得女人能把自己的本分和角色扮演好，男人為什麼就是無法做到。她無法原諒一個不守承諾、不負責任的人，這樣不可靠的男人、無法信賴的男人，已經賠進了女人的青春和夢想，難道還要把心愛的孩子再賠進去，甚至自己未來的人生也賠進去嗎？

「不然能怎樣呢？權利不去爭取就會失去，要我放棄監護權，提著行李哭著回娘家嗎？我可不會這麼做！」

「妳真正想要的是孩子的監護權，還是孩子未來的幸福？妳一直在爭取的，是安撫自己的傷痛，還是擴大自己的傷口？傷痛不止，會讓妳周遭的人都掉到傷痛的泥淖裡！」

瑞珠沉默了下來，這段期間她不計一切的搞破壞和起衝突，現在夫妻已是充滿敵意的仇人，但他們是孩子的親爸爸和親媽媽，孩子被你爭我奪，每天都要假裝支持和同意爸媽仇恨對方的話語。（一個原是爸媽手心上的寶貝，現在呢？）

男人犯錯就該為他的行為負責，有什麼道理一定要毀掉彼此呢？再怎麼說，彼此都曾經相愛過，為什麼不能讓這份愛封存起來，珍惜對方的好，祝福對方呢？

講到這裡，瑞珠忍不住哭了起來，誰希望這樣的結果在婚姻和家庭中出現呢？男人只要稍有疏忽，就會掉入情色的陷阱裡面，我並不是為了男人辯駁，只希望瑞珠能原諒她先生的錯誤，有汙點的婚姻，對一個有絕對潔癖的女人來說，很難再接受與復合。接下來的人生一樣要過，瑞珠充滿了惶恐，為了孩子她辭掉工作，專心做家庭主婦，她已經久離職場，她連要維持自己的日常生活，都充滿著不確定性，更別說如何讓她有足夠的經濟資源帶著孩子，讓孩子能順利完成學業了。這些問題瑞珠沒有明說，但大部分的離婚婦女，首先要面對的就是生計問題，要一個已經沒有婚姻關係，而且嚴重傷害自己的前夫，提供具體可靠的經濟來源，做到的只是一張法律裁定而已。

「這件事不要發生就好了！」

瑞珠整個人都被淚水淹沒了！她失控的哭訴著：她要面對的是無情的現實，她需要工作，說服法官讓她得到孩子的監護權，讓孩子受到最妥善的照顧。經濟因素是很重要的，我們很難認同一個沒有工作收入的人，可以把孩子照顧得好；固然可以爭取到孩子爸爸按月提供的贍養費，但如果對方再婚另育子女，自家的妻小都照顧不了，是否還顧得了前妻和孩子呢？婦女在婚姻中長久以來一直是個弱勢角色，經濟是不得不思考的問題，如何讓自己有收入、能獨立生活，要比毀掉對方、讓對方失去工作和立足之地來得重要！

「既然不能在一起，有什麼理由搞到大家都是輸家呢？又該如何創造三贏或多贏局面呢？」

曾經是夫妻，曾經是一家人，這種關係表面上雖然會因婚姻終止而結束，但在心靈上，彼此相處的經驗都會是我們生命的一部分，是永難抹滅的記憶。

「如果妳真的在乎，真的愛妳的孩子，怎樣做才能有利於孩子的未來呢？」

瑞珠不再飲泣，並認真的思考著。

「怎樣讓妳的未來，因這段不如期待的婚姻，能有正向的影響，帶妳步入更幸福、更快樂的境地呢？妳已經為整件事付出了慘痛的代價，如何能止跌回升呢？」

「我不知道……」

「沒有人能替妳知道，只有妳可以決定自己的事，孩子的爸爸真的是個沒良心的惡人嗎？他需要的是幫助學習，而不是懲罰。」

Because
we're
family.
@mandaLo
2008.3.12

瑞珠又再度流下淚水，原來好不容易浮現的理性，又再度被淚水淹沒。

「這件事……不要發生就好了……」

「它發生了，而且我們不能再改變，該思考的是，如何讓事件成為我們生命最重要的資產而不是負債，如何扭轉劣勢成為優勢，如何讓對抗變成合作。」

瑞珠再度擦乾眼淚，她帶著我的問題，面對真實的自己，而我誠心的祝福她。

兩個月過後，她帶著她的先生和孩子再度來找我，他們沒有離婚，暫時在同一個屋簷下分居。為了孩子和自己一時無法調適的情結，要恢復之前甜蜜的家庭生活，確實有許多難以克服的障礙。她來表達她的謝意，也希望得到我的協助。

「妳雖然還不肯原諒妳的先生，但為了孩子妳願意妥協，妳就是個了不起的媽媽。」

瑞珠擔心她的先生會再發生類似的事件，她的先生急著保證，卻被我制止了；男人的承諾是口頭，但決定自己會不會有類似事件的卻是下半身。我希望他們能了解，生命中任何事件的發生，都是有原因的，而且都是有利我們成長學習的；我們都不希望意外的出現，然而沒有意外的事件，我們的生命就不會如此豐富。我恭喜他們的孩子，也恭喜這對走出婚姻暴風圈的夫妻，未來還有許多預期不到的風暴會形成，我們都要有心理準備，我們將會在風暴中繼續自我提升、學習和成長。因為有愛，再大的風暴都吹不垮我們的家。外遇是偶發事件，由於我們仍然在乎我們辛苦建立的家園，因此每一天都要保持高度的警覺，人們是容易受誘惑和迷失的，如果再有損友相邀，再度掉入陷阱的可能性就大增。珍惜這次的和好，如果再有第二次，恐怕傷口會更難癒合！

「男人是不可靠的。」瑞珠的結論還是這句話。

「的確，男人不是拿來依靠的，而是彼此疼惜和學習的。」

家庭中的許多問題都是男人所造成的，但女人真的用心了解過男人嗎？兩性相處需要多給彼此諒解和協助，幸福的婚姻不能只建立在承諾上頭，重點是在每一分每一秒的實踐過程，幸福更不是理所當然，而是全家一起悉心建構。

瑞珠轉頭對她的先生會心的一笑，我想未來許多事都會變得容易許多，因為愛還存在，愛仍然流動著。

關鍵小語

生命中，我們一定會遇到有風、有雨、有災、有難的日子，任何事的發生都是好事，我們要欣然接受學習與考驗，事情的過程都將豐富我們的生命，別輕易讓事件落入悲劇裡，要在「希望先生」和「幸福小姐」的帶領下，豐饒我們的所有。

只要有愛，風再大、雨再強，我們都不用怕，只要有愛，再大的苦難都會有雨過天青的一刻。加油，我的朋友，命運就在你此刻的想法，永遠積極正向思考，永遠感恩生命的所有！

有愛才有希望

命運沒有所謂的好與壞，每一段生命過程都可以帶給我們最寶貴的體驗：面對它，解決它，命運就會掌握在自己手中。

「我不想活了！活著真是一件最大的折磨！」

禮益的媽媽與我談話，她覺得自己身經婚姻的風暴，獨力照顧三個孩子，白天工作、晚上還要兼差貼補家用，孩子又不大聽話，聽到我要她改變對待孩子的方式、多了解孩子，她情緒就失控了。誰了解她的辛苦，誰又疼惜她呢？要不是為了禮益還小的弟妹，她根本不會多考慮，早早就自殺了。她總習慣拋出一堆問題，諸如禮益逃課、偷同學手機、在老師的座位上放髒東西、故意向女同學潑水……，我還來不及多了解事情的經過，她就再抱怨其他的生活瑣事。這一次我直接點出許多問題的共同核心全是來自她本身，她也毫不留情的回敬：「別再逼我，我已經夠累、夠辛苦，你再找我麻煩，我就死給你看！」這樣的家長是很常見的，我也曾遇到棄養兩個孩子的爸爸，孩子被送到安置機構，他非但不理睬他人，還恐嚇機構的老師，不得再打電話給他，他沒空、也不想管！我告訴他，這種態度很可能會被法官裁定要執行親職教育，裁定後他都不來，等到要裁定罰款時，才氣沖沖的要找我算帳，最後他還是得乖乖來上課，但常搞得其他家長必須聽他抱怨和吐苦水。

禮益媽媽的確是很辛苦，單親又帶三個孩子，而禮益又好動、難管教，她常被通知到學校，聽老師對禮益的抱怨和指責，後來她發現只要不負責任，「要命一條，要其他的什麼沒有」，大家就拿她沒轍。我了解禮益的媽媽是以自殺來防衛自己無助的尊嚴，我很悲憫她，如果有能力，我相信她也願意付出一切來幫助禮益，而且她比我前面提到的家長，溫和太多了；我常想到那位「耍老大」的爸爸，還真讓我學習到很多，要成為像他這麼惡劣不負責的人，還真不容易。年輕時用蠻橫的方式來抗拒自己為人父母的職責，年老了有病痛或無謀生能力，又要訴求孩子的奉養與照顧，諸如此類的案例，這幾年在法院愈來愈常見到，遇到類似的家長，我都被重重刺傷，他們不懂得愛是多麼自然的事，我想是因為他們的孩提時代，也沒有被父母用心疼愛過。我心疼我手上這些孩子，未來是不是他們也會不懂愛自己和愛別人呢？

「禮益的媽媽，辛苦您了。」

我能理解她心中的無奈和無助，她在一個單親而後在重組家庭中成長，是一段沒有安全感的成長經驗，她曾試圖做個被賞識的孩子，可是她最後放棄了，她的媽媽和繼父對她有太多言語和肢體暴力，讓她覺得家像個惡魔島，年紀大一點之後她便開始反抗；由於這樣的背景，很快的就愛上了對她示好的男人，但她到現在都還不完全了解，對她獻殷勤的男人，對她並沒有愛，而只有性的需求。第一個男人讓她懷了禮益，相處了幾年，他就因犯罪而入獄；第二個男人，佯裝好心接近她，照顧她和孩子，她接連生了老二和老三，最後那個男人就不告而別；後來又有一個男人出現，同情她的處境，常資助她，可是得到了她的身體之後，不久也就不見人影。她自嘲現在自己是個拖著三個破油瓶的女人，男人看到嚇都嚇死了！

「妳的命和運都很不好喔。」

她深嘆了一口氣，我心裡明白，不是她命運欠佳，而是像她這樣一個缺愛的女人，愛情一萌芽，她就會一股腦兒的一頭栽進去，可是這樣的做法可能會誤傷自己的心，所以，我還是很謹慎的給她一些安慰和鼓勵，她還是有機會會遇到能照顧她、愛護她的好男人。

禮益的媽媽淚水大顆大顆的滾下來，勉強擠出一絲笑容作為回應。

「難啊！我現在什麼也不敢想，只希望這三個孩子快快長大，有能力獨立生活。」

生活的確很難！現在的她為生活操勞而且身心俱疲，像朵失去光采的垂萎之花，恐怕很難有男人願意多靠近她。現實生活就是如此殘酷，她必須要有收入，一家四口都要吃飯，只靠她的勞力和時間去拚，並且孩子因欠缺時間教養，將會不斷產生愈來愈多的問題。我曾建議她利用社會資源將孩子送到特定機構，但她考慮了許久，覺得孩子還是要自己照顧，這次我再提出這樣的意見，她覺得禮益已經沒照顧好，依同樣的方法教養，現在讀小學的弟妹也會一再出問題，因此她決定要把他們送到適當的機構。

禮益的弟妹交由社會局的安排，安置在台北附近的教會機構，媽媽的經濟壓力減輕了，於是和禮益的關係有了顯著改善。禮益的許多問題，是發生在長期被忽略和缺乏關愛的過程，尤其是媽媽一勞累就會情緒失控，喝酒鬧自殺往往成為偏差教導。我在輔導禮益時，不斷的讓他了解要如何體諒媽媽，並如何面對媽媽的情緒語言，學習做一個能被信賴和依靠的男人；媽媽需要他的幫助，幫助媽媽的過程，愛便能在禮益母子之間流動順暢。一個有過動傾向的孩子，在健全的家庭都會問題叢生，更何況是成長在這樣一個破碎且長期忽略孩子感受的家庭呢？愛是最好的療傷藥，愛不是取得、等待，而是學習付出和奉獻。我也認真的思考，如何讓這樣的家庭惡性循環可以終止，我給予禮益一份功課，要他每天都填一份我為媽媽、老師、同學說了什麼好話、做了些什麼好的事情，尤其是媽媽，他每做一件我給他加一分，對媽媽做的加五分，累積到一百分我送他禮物。愛如果只是單方面的要求或等待別人為我們做什麼，我想愛會像一灘死水，永遠無法滋潤我們的心田。愛要流動，主動的付出所有、無所求，禮益現在可能無法懂得這一些，但我鼓勵他做一個有能力給別人愛的人。

每一次和禮益見面，我都關心他的收穫，他告訴我，他的媽媽一點都不可愛，對她做好事、說好話，還挨她的罵！媽媽不習慣別人為她做什麼，她的內在有很大的衝突，既期待卻又疑惑別人的關心，所以我鼓勵禮益，不管媽媽有什麼反應，學習去關心她。母子間目前堆積了一堆垃圾般的瑣事，是如此的枯竭以及缺愛的滋潤；現代人都在忙著生活，很少省察自己那麼努力真正要的是什麼？

禮益其實是個很棒的孩子，內心善良又願意去嘗試，只是他沒有受到周全的照顧，所以，他的許多好的特質，都被他常冒犯或觸怒別人的事件所掩蓋了。我期待他在我的輔導過程，能學習到一些討人喜歡的技巧，一個有愛自己和別人能力的人，就會是個有人緣的人！

關鍵小語

別期待別人來發現我們，主動的走近人群，走到有光有溫暖的地方。

每一個人都為自己的需求而煩擾不定，實在很難有空理會旁人。父母、另一半和孩子，和我們一樣都很忙碌。諒解他們，學習去愛他們、關心他們，我們只要練習把自己的心打開，讓愛和陽光進來，有能力愛別人的人，「愛」自然會在「心」裡流動，接著便會發現這個世界一直是寧靜及美好的，這個世界一直都是那麼平和且舒適的。

一切都因有愛！

Part 5

愛是最關鍵的能力

這是一個知識、能力主導一切的時代，每一個追求卓越的人，都希望自己擁有最關鍵的能力。然而任何知識和能力都是有限的，都會有褪色和過時的一天；擁有愛，也會在古老的知識中發現新創意，會讓一個平凡的人成就非凡的表現；如果沒有愛，擁抱再多的知識，也找不到我們真正需要的路。因為有愛，我們會了解，我們的能力在表面上是有限的，而實際上它卻可以無限延伸。

這個世界沒有任何一個國度和角落，不需要愛和希望，有愛的地方就會有希望，有愛的地方，就會有幸福。愛是最關鍵和重要的能力，因為它，一切才會有意義和價值！

愛與希望的種子

每個孩子都有他擅長的學習領域，不要因為一時的挫折而放棄陪伴孩子成長的機會喔！

俊軒的媽媽有一天聽完我演講後，匆忙的趕回家，帶著她的孩子來看我。俊軒因意外腦傷，許多能力受到限制，媽媽期待我有支神仙棒，能立即點化俊軒，回復他原先聰明的模樣。我沒有神仙棒，但我因俊軒媽媽而感動，我有信心、毅力和勇氣，讓俊軒找回他的自尊和自信。

當天有許多家長詢問我問題，離開演講會場，其實已經滿晚了，我無法拒絕一個媽媽的期待，因此我們就坐在路邊的椅子上談話。俊軒的困擾來自於腦部受傷，不易把學校讀的書記起來，進一步了解後，我發現他沒有太大的問題，只因他急著想把該背、該記的東西一次就記住，往往事倍功半。我告訴他，一件事，第一次做時會很陌生，第二次就不會那麼生疏，大約七次之後就能熟悉，而二十一次之後才能純熟得好比專業。俊軒學的是資訊科，他很困擾每一個軟體都有一定的步驟，一定的程序，但他都記不住，所以，愈讀就愈沒興趣，一直覺得自己念錯了科系。我給他一個建議，準備一本小筆記本，記下自己學習這個軟體的進度、時間和次數，記著，在七次之前它不會是我們的朋友，學習範例重複做七次後，再找相關的習題來做，每一單元都練習二十一次以上，直到自己毫不思考的就可以在視窗上進行軟體操作。

「可是我沒有那麼多時間……」

俊軒的理由是所有學習狀況不好的人的共通理由，如果我們經由二十一次的練習，可以終生享用這項知識，這樣的投資比什麼都重要，怎麼可能會沒有時間呢？我們把時間都用在和功課無關的事物上：上網聊天、玩遊戲、和同學扯淡、聊是非八卦。我要俊軒了解，學習和能力雖有相關性，但最最重要的是決心，我問他有多少決心要把資訊科讀好呢？還是他只想偷懶，讓爸媽為他操心，在未來變成一個沒有希望、沒有能力、終生都要依靠別人的人呢？俊軒常因學不會就覺得頭痛不舒服，我告訴他正常的人都會這樣，何況他是個受過傷的人；我們想做一件事，若內心害怕並恐懼做不到，我們的身體自然會有一些不舒服的生理反應，用以逃避那辛苦的折磨；如果我們下定了決心非做到不可，堅持到底，我們就會長時間處於巔峰的狀態，協助我們全力以赴。

媽媽如此的關心俊軒，俊軒要回報媽媽的不一定是要成為非常成功的人，而是成為一個充滿自信和希望，為自己做最大努力的人。一個人的成功來自於他的態度，學習能否有成就也是種態度，人的內在對學習充滿著趨避與衝突，儘管我們對新事物有強烈的好奇心，一旦新鮮感沒有了，便會想出各種理由拒絕繼續學習。我們必須改變學習的習慣，決心要學一件事，沒有成就絕不放手，從生活中的小事物開始，沒有達到自己預期的目標，絕不分心做其他事，長久下來我們對自己就會愈來愈有信心，做任何事都可以心想事成。

「為什麼有同學常常喜歡欺負我呢？」

俊軒反應比一般同學慢，同學會拿他開玩笑，讓他覺得不舒服。我告訴他，要改變別人是很困難的，改變自己的想法和感受反而比較容易；別人造成我們不舒服的言語和舉動，若解讀為嘲笑和捉弄，我們就會很難過，若解讀為是別人注意到我，能用幽默化解，往往我們會成為同學的開心果。記得從前我有一位小兒麻痺的同學，班上在選籃球班隊時提名他參加，全班同學哄堂大笑，他立即扶著桌子站起來拜票，「請多多支持，黃某某一票，有我參加，三年二班一定得第一。」大家又笑成一團，最後還推選他擔任啦啦隊隊長。一個人要有化解尷尬危機的能力，常拿自己的弱點和不足開玩笑，拿自己的醜事開玩笑，就可以減少自己內在的衝突。動作慢和反應慢，其優點是不易因衝動出錯，同學愛拿此開玩笑，我們就大大方方也開自己玩笑；我們不想掩飾自我缺失，沒有自卑情結，又有誰能欺負我們呢？很多時候是我們給機會讓人欺負，如果我們先欺負自己、消遣自己，他們不就拿我們沒辦法了嗎？

「如果同學玩笑開過火了怎麼辦？」

「用智慧，而不是用情緒。」

能常保幽默感的人，是最有智慧的。再不舒服的事都會過去的，和大夥瞎

散播喜樂和祝福給
每一個人，我們也會
變成受到祝福的那個人。

鬧也可以，躲起來哭也可以，總之，放輕鬆，凡事沒什麼大不了的，學會在生活中表演，因為人際互動大部分時候都是在演戲，輕鬆看待，我們的生活會比較好過些。

我的建議是：處處關心別人，時時為別人留情，有機會給別人幫助和服務時一定要全力以赴；今天我們付出，明日有求於人，自然方便行事。每天都試著觀察同學有什麼需要，隨時主動出擊，適時伸出援手，尤其對我們有惡意和討厭我們的人，更要用心的把握每一個可以改變相處模式的機會。家裡和諧快樂，家就會是個最好的避風港；班上充滿了笑聲，曠課與輟學的人一定會減少。盡量避免產生不愉快的經驗，有的話，要立刻解決和消除它，便可以大事化小，小事化無。

「讓自己過著簡單生活，別把人際互動搞得昏頭轉向。用愛去關心每一個人，別人也會用愛回饋我們。」

俊軒、媽媽和我三個人，就坐在路邊的座椅上聊著，俊軒真是個難得的孩子，非常的謙虛好學，他感謝我給他那麼多時間，我也感恩他讓我有機會認識他。

看見他眉開眼笑，我也好開心，回家的路上有種說不出的喜悅。每一個人在一生當中都會遇到幾位貴人，俊軒讓我想起伴我一路成長的貴人老師，畫面一幕幕，彷彿像是最近的事，而這一晃就是幾十年了，如果沒有這些老師的鼓勵，我今天會是什麼樣的人呢？今天，何其有幸我能以實際行動從事助人工作，我希望我也會是俊軒生命中的貴人，讓他未來有機會再把愛與希望的種子，傳遞下去。

關鍵小語

每一個人做每一件事的背後都有一個動機，如果我們只是為了自私占有，不理會別人的感受和想法，占有只會是曇花一現；如果我們處處關心，能學習用心體會他人的感受和想法，我確信在我們完成每一件事的過程中，也會結交無數的朋友。

感情會在哪個關鍵的時刻發揮力量，誰都難以預料，玩弄別人，善於權謀的人，終將成為作繭自縛的人，人生的路將愈走愈窄。散播喜樂和祝福給每一個人，我們也會變成受到祝福的那個人。

沒有愛的占有

家人不是用投資報酬率來衡量的，如果不把愛放在家庭的第一位，這個家就會失去方向，看不到指引的燈塔。愛不是占有，而是分享！

嘉原是我輔導個案的爸爸，我對他印象深刻，他總以為錢可以解決一切，有次孩子在知情下坐上同學的贓車，他接獲通知，到了警局便和警察吵了一架，來到法院接受調查，就請律師擔任輔導人，想不到我來不及詳細說明，他就氣勢高張的批評政府和法律。

「張先生，謝謝您讓我知道那麼多你的想法和感受，我只是個小小的基層公務人員，請高抬貴手，讓我有機會為您們做最好的服務。」

我向他解釋，並請他委任的輔佐人向他說明。對於少年事件，處理方式宜教不宜罰，須以少年利益為最大考量的原則，並清楚的告訴他，孩子不會有前科紀錄，請他不用擔心，如果孩子犯罪了，我們會輕輕帶過，再灌輸給孩子所欠缺的守法概念，若未來再觸犯嚴重的法律，將留下終生遺憾，這才是我們最失職的地方。

嘉原長期在中國工作，他以經商的眼光考量一切，他認為法院有專人可以協助輔導他的孩子改善不良行為，而且不用支付額外費用，這項制度他樂於接受。他的孩子雖犯的是輕罪，但長期放棄學習，晚歸逃家，家長幾乎難以發揮管教功能，所以我建議給他的孩子長期的輔導，法官也採取了我的建議。

執行期間，嘉原把每個月，或每兩個月的休假都排在他孩子的報到日。期間我們的主題都在談論孩子的問題，然而我覺得最大的癥結是爸爸的價值觀，他把所有的注意力全放在投資與報酬，用錢計算他和太太的關係：每月給他太太多少家用和零用錢，以這樣的水準他應該得到多少的回饋和保障；他也用金錢衡量他對孩子的教育，他從出生到現在投資了多少錢。大女兒成績優異，目前是國立大學的高材生，他覺得這是一筆成功的投資：兒子呢？他覺得兒子是他一生投資中最大的失敗，付出那麼多，卻得到一個叛逆又不懂尊重和感恩的燙手山芋，他曾想過要放棄投資兒子，但已經持續了十幾年，要放棄又有點捨不得。

我也用投資獲利的觀點，和嘉原談孩子教養。一個男孩需要的是爸爸陪伴，要的是爸爸賞識，不是金錢給與。支持和鼓勵是孩子最大的資產，成長中必須有足夠愛與成功的經驗，學業和成績只是表面的、短暫的，未來孩子的成就會如何，誰都無法預料。他不相信我所說的，而我舉自己教養孩子的方式為例，工作事業及家庭，不是等量的平衡，家庭在我而言是絕對的優先，孩子的需求，也是絕對毫無妥協的優先。我了解的是，擁有再多的頭銜和金錢，若沒有家人共享，一切都會暗淡無光，就像健康和外在的一切相比較，健康好比所有數字前的「１」，數字雖小，但沒有這個排名第一的「１」，所有後面的「０」，都是無價值的數字。

也因為每次我們都會談到價值觀的問題，所以我看看他給我的名片，上面的頭銜不下十種以上，我問他在這些頭銜中，哪一個是他真正喜歡和需要的呢？他猶豫了好一會。我也曾經擁有過一大堆頭銜，我告訴他我那時候的想法：我總覺得我沒有名氣、地位，別人會不尊重我，不給我禮遇，後來我才明白，我根本不需要這些，任何風光都是短暫和虛偽的，只有回到家，看見太太臉上的笑容與孩子的熱切互動，這些才是我真正需要的；我給自己重新定位，做一個擁有愛的小人物，雖然沒有什麼顯赫亮眼的頭銜，也沒什麼出色的表現，但我知道自己是個對社會有影響力的小人物，對世界有正向貢獻的小角色，這就足夠了。

我繼續告訴他，我後來真正喜歡的頭銜，就是為人夫、為人父及為人師的角色，每個人看重什麼，就會用心去經營什麼，相對的也會擁有努力之後的成果。我每天都撥出一些時間投資我的健康，不論多忙，都會抽出一段時間來運動，而且我在乎我的家庭，珍惜每一次互動的機會，希望給彼此留下美好的生活經驗；嘉原投資他的生命在金錢方面，所以他擁有財富是理所當然的，「種瓜得瓜、種豆得豆」，但別種瓜卻想要得到豆，這就是嘉原常對我抱怨的，他的妻子和孩子非常現實和無情，我告訴他這是必然的，他只投資了金錢，並未投資愛和情感，所以，另一半和孩子常和他計較的都是金錢，這不是一件再自然不過的事嗎？

「我一個人在中國拚死拚活，他們在台灣享受，怎麼可以不感恩我呢？」

「你有感恩過他們嗎？」

「一切都是我在付出，我不甘心白養他們！」

說穿了，嘉原只是在養一群「動物」的心，希望把太太和孩子養大、養肥便有利可圖，或者依偎在他身邊撒嬌、陪他玩樂，試問，這樣怎麼可能得到家人的感恩呢？如果他要得到，就必先播下感恩的種子，太太為他守著家庭，他才能安心打拚，孩子守著本分，不讓父親面對太多麻煩。他的孩子雖因觸法來到法院，但因此增加彼此相處的時間，給予彼此機會學習和省思，是該心存感恩的。

「感恩？我不懂。」

當員工的要感恩老闆，因為老闆的投資和關照，讓他們有一份穩定的薪水得以生活；老闆要感恩員工，因他們的努力付出，公司得以永續經營；因為感恩，我們就會在賺得金錢之餘，另得到一份豐富的情誼。人若只是用金錢數字在計算彼此，和一部機器又有何不同！家中妻小和工廠員工都有充分的感情流動，而身為爸爸、先生和老闆的他，只能遠遠的或者隔著玻璃窗，觀賞他們的歡笑，這樣的生命是何等的貧乏和孤單！

嘉原露出了冷笑，心裡的話他沒講出來，但我感受得到，他的心早已麻木了，每天就是逼著下屬要績效，逼著孩子給好成績單，逼著自己不斷的要有進步（他所謂的進步就是新產品的誕生、市場占有率、在富人排行榜上的名次，或者財經雜誌的績優評比），除此之外，他內在空無一物。他原先根本不肯在法院現身，他認為他的職責就是賺錢養家，他的太太是專職家管，孩子管不好，是他太太失職，都應由他太太來承擔一切後果。

在一次家訪中，我又遇到了嘉原，我再一次告訴他我的想法：爸爸不是一部賺錢機器，他的辛苦應該獲得更多回饋，孩子有問題出現，正是爸媽讓孩子了解父母，並拿出愛來支持他的時刻，為什麼要輕言放棄呢？不被爸爸看重的孩子，他也一樣不會看重他的爸爸，「爸爸」就只會是一項稱謂而已，所有的付出和努力，都只會得到一個像會計師做出來的帳目，只是表面數字，並不是真實擁有，我們的抽屜應該有本屬於夫妻和孩子之間的帳本。

我的話打動了嘉原，他真的很想和他太太及孩子有很好的互動，但他慣於算計金錢的頭腦，總讓他和家人之間猶如和客戶之間的關係。他有些失落，因為他的確做了改變，每個月都特地請假回來陪孩子報到，可是孩子似乎不領這份情，常和他頂嘴。

「我有點失望，下個月我不會再陪孩子來了，還是交給他媽媽去處理，我要專心去做我自己的事業。」

我覺得甚是可惜。這段期間嘉原投資了那麼多的時間和心力，沒有收穫不代表投資錯誤，而是他看錯了報表，他只看他孩子對他的態度，沒注意到孩子確實改善的部分，他現在有了一顆力求改善的心，目前愛只是失去了流動的空間，而我的建議是：多多陪伴家人，共同分享這份經驗，不要問自己投資多少，也別管收穫與否。夫妻和親子不是生意關係，愛不是數字，更不會是金錢，否則，就算嘉原占有全世界，依然會貧如乞丐！

一年多的時間過去，最後他的孩子被免除保護管束，後來嘉原告訴我他的心得：這段時間他學會在績效之外給員工更多的體諒和包容，員工常回饋他小卡片和笑容，讓他覺得做一個辛苦的老闆很值得；在家裡，他明顯感受到的最大不同是，一回到家，心情可以完全放鬆，每次出門，他都心想還有幾天可以回家，而回家也許只是睡覺，卻可以睡得很有品質。

他謝謝我，願意給他機會保護管束，我也謝謝他，每一個願意給我輔導的個案，都是生命中最棒的一份禮物！

關鍵小語

你為生活努力，想要得到的又是什麼呢？假如只有辛勞的付出，為什麼不在過程中多一些互動與關懷呢？即使是面對陌生人，分享一些真誠的關懷，我們會發現生命真正富有的那一面。

有愛就不需要太多的占有，我們走到哪裡都會幸福快樂！

請給「愛」一個機會

孩子的問題也是父母的問題，用引導的方式，給予適時的協助與提醒，每個孩子都會成為父母最好的禮物喔！

勁凱是我很喜歡的一個孩子，雖然他被判定是過動的小孩，常惹這個麻煩或出那個問題，但每次他和我見面，總會想盡各種方式要讓我知道他有多努力，他有多麼想做別人心目中的好小孩。

他國二了，心智年齡可能才只有小學三年級，有一天他媽媽問我，為什麼對勁凱這麼有耐心，我告訴她，對內心住著小學三年級靈魂的孩子，我們能多期待他什麼呢？告訴他一件事情，轉個身他就忘記了，他不是故意不把我們的話當作一回事，而是他的頭腦裡，常被許多不相干的想法所打擾；我講話時他常插嘴，可是當我提醒他，給我一個榮幸把話講完，他會立刻閉上嘴巴。他很尊重我，我怎麼可能會不喜歡他呢？

「可是學校老師都很頭痛呀！勁凱每天都會出現問題，不知道該拿他怎麼辦？」

「這是老師的問題，他不知道勁凱只有九歲，不是十五歲，所以會生他的氣。做老師的必須知道班上三十五個學生，有三十五種年齡，每個孩子都不一樣，不能用同一套標準去期待他們。」

勁凱的媽媽也是小學老師，她告訴我這樣做無法管理，一個班級就要講求規矩。我卻不這樣認為，我認為世界需要的是愛與包容，每個人都講求獨特，每個人的想法和感受都不同，我覺得勁凱很棒，他很少指責別人，也不認為別人欺負他或對他不好，他總是認為沒什麼事，媽媽何須如此緊張呢？

「媽媽，妳覺得勁凱有什麼問題呢？」

媽媽叨叨唸了一大串，她把勁凱生活中的大小事，毫不保留的傾訴出來：功課常跟不上、東西常忘了帶、常被老師告狀。媽媽又要把剛剛唸給我聽的再唸一次，接著我再次的告訴她，要讓她了解勁凱是ＯＫ的，他沒什麼問題。

「至少功課是個問題，不用功又粗心大意。」

我詳問之下才了解，勁凱在班上排名都在十五名上下，我了解了媽媽的期待，她小時候都是班上的第一、二名，勁凱的姐姐在功課表現上也是全班的前幾名。媽媽的想法是，名列前茅是理所當然的事，由於她是個老師，我很好奇她怎麼看待班上五名以後的學生。她的結論是，成績不好只有一個原因，就是不夠用功。

我分享我的看法，班上有多少學生，就會有成績排名前後次序，家裡有幾個孩子，就會有不同的特質；這些特質都是孩子生命的一部分，假如我們宣稱對孩子和學生一律平等看待，就不能選擇以自己的期待去愛、去期待。有些孩子順從性高，容易專注，有些孩子就會有一些天生的困難，而老師和父母都不可能去改變他們太多，唯一能做的就是陪他們走人生的這段路，做他們生命旅途上最好的啦啦隊，激勵他們為自己做最大的努力。孩子的分數不等於未來前途，排名也不代表孩子的優異與否，我們只在乎孩子面對事情時，把他喜歡的當成一回事，不喜歡的則盡自己的努力去把它們做好。不管結果是什麼，都當成是最好的結果、都是生命資產的一部分。

「這些話大家都會說，我也常和學生家長說這些話，自己身為父母時，就不是說說就可以解決問題的。」

的確沒錯，很多專家都是在外面「開講」，面對自己的孩子可能一招都使不上，不過我仍然分享我的心得：孩子每一天都有不同的遭遇，任何的遭遇都是學習的機會，每一次犯錯都有不同的改善和進步空間，若孩子在學校受到了挫折，或麻煩已造成，回到家中還不能被父母接納了解並得到安撫，這樣的孩子豈不太可憐了！

「可憐？可憐的是他的父母，每天都在收拾他製造的問題。」

「沒有任何經驗是垃圾，而且任何經驗都將豐富我們的生命！」

勁凱的媽媽沒什麼耐心聽我多說，找了個藉口離開，從那次之後，她陪勁凱來找我時，自己都不上樓，只肯在樓下等候，所以有次我便問起勁凱對媽媽的看法。

「媽媽很可憐，都是我不夠好，如果我夠好，媽媽會快樂一些。」

我安慰勁凱，媽媽的心情和他好不好無關，媽媽選擇她的人生色彩，你可以選擇你要的顏色。勁凱一時沒有理解我的想法，話題便轉到他喜歡的偶像歌手、他喜歡的歌、他最喜歡看的歷史劇。

可能媽媽在樓下等太久了，一時心急便上樓到談話室外頭，聽我們聊天，她在我們兩個愉快結束話題後，略帶不高興的口吻告訴我，輔導是在導正孩子不正確的觀念和行為，不是浪費時間在聊這些無用的東西。我一時講不出話來回應她，她具有輔導碩士學位，我只是一個基層做直接服務的資源工作者，我只知道一個人當他心情好時，才會把該做的事當成一回事，才會把自己和別人看得重要。今天難得和勁凱聊得很開心，我實在不想說太多，免得破壞這次的美好經驗。

「謝謝妳的指教，以妳的標準我的確不是什麼好輔導者，不過我很清楚我要什麼。」

「你要什麼有什麼重要，家長要什麼才重要！」

我再次道謝，謝謝她的指教。想法原本就有不同，但生活中，要論斷出絕對的是或非，太為難我們自己了。我感謝勁凱的媽媽，讓我了解她的想法，或許是天氣太熱了，她在沒有冷氣的樓下等一個多小時，又熱又悶，心情難免受到影響；我不想和一個情緒欠佳的人多做辯論，以免影響我的輔導過程，我只是比較憐憫勁凱，常要受到媽媽的情緒打擾。

學位或許代表了一個人擁有的許多知識，但在我而言那只是外在的知識罷了，我們的心才是真正的知識所在；讀懂我們自己這本書，比任何知識都來得重要。媽媽沒什麼不對，她只是個強調自己期待的結果，希望別人都能了解並配合的人；她不了解愛是什麼，她只是個經常打擾家人，讓家人覺得不舒服的人。

後來幾次我和勁凱因有共同的感受，感情愈來愈好，以前他會不斷藉機證明他的好讓我知道，現在他不需要了，我已經知道他是一個很棒很好的孩子，現在他來找我，總會分享他比較深層的經驗，比如發現媽媽的孤單和無助，他很想抱抱他媽媽，告訴她不用這麼辛苦，可是他的媽媽是讓他難以接近的，因為她只有理性，沒有情感。我太訝異他的發現，於是我把我手上正在研讀的一本書《以母愛為名》送給勁凱，雖然，以他的年紀來讀這樣一本深度探索內在的書，有點太早了些，但我想讓他發現，母子之間，愛的流動是滿困難的一件事，這不是只有他才有的問題，有太多人存在類似的困惑：媽媽是愛我們的，為什麼跟媽媽在一起有這麼大的不舒服和困難呢？

關鍵小語

如果我們不能夠了解「愛」不是理所當然的事，我們的心力就不會被空耗掉，我們就會不斷的給愛機會，讓它能夠自然流動。愛是難得和稀有的，沒有愛的生活是大部分人經常面對的，我們對愛的體會與了解，會讓我們從愛的監牢中解脫出來。如果我們不懂愛，我們的爸媽也可能不懂，不論他們為我們做了多少事，他們多麼認真的演出父母的角色，愛都可能停滯不動；但別因此而失望，永遠給愛流動的機會，下一個片刻，愛說不定就會進入我們的生命喔！

有愛就不會失望

男女之間的相處是一門學問，長期處於情緒風暴中，每一天都會讓自己度日如年；在急著要對方付出什麼的時候，不如先問問自己為愛做了什麼呢？

「我這輩子絕不原諒他！」

「我如果自殺一定要穿紅衣紅褲，變成厲鬼來報復！」

「我那麼愛他，他竟然這樣對我！」

毓玲來報到時，我看她臉色很難看，才剛問她發生什麼事，她就哭得死去活來。毓玲來自重組家庭，已有多次和數位男友分分合合的經驗，也曾經喝得酩酊大醉，揚言要自殺，這次的情緒低落還算有理智，並沒有大吵大鬧。每次來報到，她都和男友「黏」在一起，一進報到處就會引起一陣騷動，因為她都穿得很露骨，超短的裙子、高跟鞋，配上顏色鮮豔的小可愛和滿臉的濃妝，和今天滿臉淚痕，衣著隨便，像顆洩了氣的皮球是截然不同的。我有太多類似的輔導經驗，這時我再說什麼也沒用，只能試著接近她的心情，我開始自言自語，罵她的男友：「這麼沒天良，毓玲這麼愛他，為他逃家，為他去當檳榔西施，還為他做所有他想做的事，他竟然還劈腿，去愛別的女孩子，這實在太可惡了，怎麼可以這樣沒天良！可恨到了極點，我們毓玲是多麼重義氣、重感情，竟然會遇到這種狼心狗肺的壞東西，可惡啊可惡！」

毓玲心情果然好轉了，眼淚擦一擦，打開包包，拿起香菸放到嘴裡，只差火還沒點上。

「啊，小姐，對不起，這裡是不可以抽菸的。」

「幹！心情不好，連抽根菸都不行，幹！」

我知道毓玲的「幹」不是針對我罵的，所以，我也幫她多罵了一句。

「男人沒有一個好東西。」

「妳也在罵我嗎？」

「老師，你不算好不好。」

我謝謝她把我排除在外，而且一起從她的第一個男友開始罵，罵到這個已經是第四個（我覺得才四個，還好嘛）。她才剛滿十八歲，以每一年用掉一個男人的速度，未來她還有好幾十個男人可以用，我的玩笑話，讓原來很受委屈的毓玲，心情有點好轉；她又想抽菸，我了解她可能一整晚都沒睡，很疲倦，我也沒多阻止，就走出談話室，給她帶杯咖啡進來。她把咖啡拿到手後有點詫異，第一口喝下去，便哭了起來。她告訴我昨天她準備要燒炭自殺，但一想到今天要報到，她就覺得不能不來，因為每次她受委屈，都是我陪她走過的；她一直覺得我就是她的另外一個爸爸，她講的這些話，讓我的淚水也忍不住滑落了下來。

我謝謝她的看重和信任，我很習慣的把我對每一個個案講的話，又再講了一次。我告訴她，第一次和她見面，我就知道她是一個好孩子，只是爸媽不了解她的好，學校老師也不懂得賞識她，這些不懂事的可惡男人更不知道如何珍惜她，我希望她多多看重自己，別輕易因為一時的挫折而毀了未來的人生。

任何事的發生都是有意義和有價值的，一切都是上天最好的安排，還好和不能信賴的男人都只相處一年多，也還好沒有懷孕生下孩子，否則跟這些男人在一起一輩子，那才真是可憐！我讓她了解到，這些男人都不適合她，不過以我陪她走過這兩、三年的經驗，我坦白的告訴她，下一個男人會和這幾個一樣，都不會是好男人！我舉她媽媽的例子，離婚再婚，又再離婚，現在和這位叔叔同居，經常吵吵鬧鬧的為什麼？

「我媽眼睛瞎了！」

「不是妳媽媽的眼睛看不清楚，而是什麼特質的人，很自然就會吸引同樣特質的人。」

我很捨不得她這樣掏心掏肺，用生命的所有力量去愛，以她這種愛恨絕對分明的方式，她必然會再次受傷。男女交往不是交付全部的自己給別人，而是要學習去和另一個人相處，當男女朋友還比較單純，如果是夫妻，可就更加複雜了。毓玲已有多次和男友交往的經驗，她一直覺得自己被拋棄、受到委屈，我反問她，她和這些男友在一起時，她可曾了解過他們、懂得他們要什麼呢？

毓玲的直覺是，男人都很色，要的只是她的身體，「性」必然是男人委曲求全、奉承阿諛、百般討好女人所想要得到的主要報酬之一，但還有別的東西是他們想要的啊！

「妳為這些男人做了那麼多，妳要什麼呢？」

「當然是對我好，要愛我，不可以變心啊！」

「妳真正想要的又是什麼呢？」

我了解毓玲和媽媽，幾乎出自同一個缺愛的模型，自幼父母都搞不定自己的婚姻和生活，勉強把孩子養大，親子關係十分疏遠，所以，一到青春期都對愛情充滿著期待，她們要的不只是別人的愛，她們要的是絕對的占有和掌控，要專屬而沒有任何瑕疵的愛。毓玲已經身體力行那麼多次了，但她還是不明白，拿「性」當工具來引誘男人，用性和金錢試圖來控制男人，任由她操控，那麼她只適合養一隻寵物；這也是毓玲無法理解的，養貓和養狗都那麼容易，為什麼和另一個人相處卻如此困難，愛情為什麼這麼不可靠和善變！

我告訴她，她所搞不定的，也是大部分的人，甚至五、六十歲人，都難以搞定的。男女和夫妻關係，不是知道就可以做到的，我們隨時都在改變，和我們相處的人也是如此，任何人的想法不是我們可以了解和掌控的。

「這樣還有誰可以相信和依靠呢？」

「沒有，而且也不需要。」

我們每天都在經歷不同生活，也都在學習和自我提升，任何事的發生都有其價值，經歷它並感恩它的發生。我要毓玲感恩她的那些男友，因為他們曾經和她共有過一段愛情，也感恩她的媽媽，謝謝她們共有的一切。過去未必美好，但它畢竟已是我們生命的一部分，同時我也感謝毓玲的分享，她豐富了我的生命。

她心情和緩下來，可是她卻很在意我剛剛告訴她的下一個男人不僅不會更好，而且會和前面的男人一樣，她問我為什麼？

「當我們改變了，一切都會跟著改變，如果我們學會了珍惜和感恩，未來也會遇到真心對妳好的人。」

在情變的危機風暴中，毓玲如果能夠改變，放下她的怨恨，才能遠離前車之鑑。此刻的她，心情已經平靜下來，她告訴我她真的很幸福，只是之前並不知道如何珍惜，她覺得她媽媽好辛苦，之前我對她媽媽講的話，她現在終於稍稍了解，原來命運是由自己決定的，另一半和孩子的一切，也都是由自己決定的。

年輕又多次受到情傷的毓玲，希望她能真正了解，真正的愛，絕不會讓我們傷心和失望，唯有我們貪求，才會讓我們陷入痛苦深淵。我希望毓玲別急著再找另一份愛情，先學習和自己相處，能做自己朋友的，才能找到真心的朋友和伴侶。一生是如此的長，她才十八歲，多給自己時間和機會，找到自己真正需要的，況且如果真的懂得和自己做朋友，愛情也未必是人生必需品。

關鍵小語

看著毓玲帶著平靜的心離開，我的心也輕鬆起來，那麼多年類似的話重複的說著，這一次她終於領會了，只可惜她的媽媽仍困在愛恨情仇的水深火熱之中。

有愛，我們就有希望，永遠感恩生命的所有，一切都是上天最好的安排！

感恩有你

分享生命中的祝福，父母將會看到孩子的成長。多多賞識孩子，多多贊美孩子，感恩他讓我們的生命更加豐盛，愛才會在家裡流動喔！

仁輔的媽媽聽了我的演講，重燃對孩子的希望。仁輔生產的過程有些不順利，缺氧導致他智力受到損害，為了專心照顧仁輔，夫妻倆就只生這麼一個小孩。

仁輔上國中了，識字不多，自理生活能力也不足，常在學校惹事，媽媽是一路哭著走過來的。她四處求醫想幫仁輔一些忙，但改善有限，他十五歲了，但行為十分不成熟，爸媽都很心痛，只要他學會照顧自己，他們就心滿意足了。

「仁輔需要的是您們賞識，而不是改變。」

爸媽有太多的擔心，仁輔缺欠生活自理和謀生能力，未來如何在社會上生存和立足呢？

這的確是所有父母共同的擔心，但如同我的媽媽小時候常對我說的，「一枝草、一點露」，被折的草會多一點露，每個孩子都具備生存本能才來到這個世界，爸媽沒有能力照顧孩子時，自然會有貴人協助他繼續生活下去。

我也把我從《聖經》上讀到的一段話和爸媽分享：「要相信上帝的恩典是足夠的！」

上帝給予我們這樣的孩子，一定有祂最好的安排。用感恩和珍惜的心陪孩子走人生的一段路，在多元的社會，有智慧的人靠腦力服務人群，有體力的人靠勞力服務別人。

我們的孩子仁輔，未來將靠他的生命故事，奉獻給全世界希望，就像我敬愛的黃美廉女士和謝坤山先生，我們的孩子和他們比較起來，已經是超級富有，既然他們都可以在這個世界發光發熱，我們的仁輔又有何不能呢？他四肢健全，更重要的，他有一顆善良的心。

「可是他不夠聰明。」

仁輔雖識字學習能力不足，但學習態度很好，他從小經常玩的玩具都保存至今；他是個很有感情，知道感恩和惜福的孩子，這樣的小孩，我相信有人願意拉他一把、給他機會。

「唉！」媽媽聽了我的說明依然充滿著擔心。

我分享這幾年我從事潛能開發研究的心得，告訴她祝福自己和別人是最大的力量。每天都祝福仁輔，希望他天天快樂，學習能力一天比一天好，也祝福自己，做一個天天快樂和成長的父母。我們的思想決定了我們的磁場，如果我們每天所思考都是負面的，孩子會長期困在我們製造的負面磁場，要不笨，都難！

媽媽似乎有點了解，我再告訴她，仁輔過往的經驗，將是未來發展的最大資產。

如果我不曾生病，不曾腦傷智力低下，我的人生就不會如此豐富和多采。

用愛讓生命充滿希望，仁輔若能被爸媽祝福，我確信他未來也會用愛，祝福這個世界所有的人。愛才是真正的關鍵力量，有愛，其他的正面力量也才有意義和價值。

「仁輔是座寶藏，他的存在將給所有孩子努力的希望。」

笨和聰明只有一線之隔，仁輔他是個不一樣的孩子，他會做的事，未必是其他人能夠做到的，譬如他可以為一張拼圖，蹲坐在地上好幾個小時，直到拼好為止，這是他的優勢和潛能。

「拼圖又不能當飯吃，每天他就只想玩拼圖。」

我見過仁輔，我知道他的優勢能力，就是他超人一等的學習態度；他願意為他喜歡的事全心全力的付出，並堅持到底。他的路可能會走得比別人曲折和漫長，但他所走過的路將會是他生命最重要的資產，我確信仁輔的未來會有非凡的表現。

我向媽媽保證仁輔只是發展慢了一些，他的未來是充滿希望的。

我這麼努力的想說服媽媽，然而我感覺到她對仁輔似乎總欠缺一些信心。

感謝有你，
也有我，
這個世界才會有著如此
豐富的色彩。
紅
橙
黃
綠
藍
靛
紫
Red
orange
yellow
green
Blue
Indigo
purple

我告訴她，即使一個發展正常的人，誰也無法保證他的未來能有多大成就，我雖然有輔導幾千個個案的經驗，但我無法再多給什麼天馬行空的保證，而且我認為再多的保證，又有什麼實際意義呢？我只是個激勵高手，激發父母的潛能，去成為孩子生命中最重要的啦啦隊。

「感恩諸神，賜給你們仁輔這個獨特的孩子，他一直很棒、很好，只是你們不了解他的特質而已！」

每一個孩子都是最獨特的，每個孩子都應是父母的恩典；仁輔的獨特是其他孩子所沒有的，所以，他也不需要擁有其他孩子所擁有的特質。

這個世界在乎的是一個人拿什麼獨特的能力奉獻給這個世界，而不是每一個人都需要擁有顯赫的頭銜和職權，像我，終其一生都會守在直接服務的第一線，因為我了解自己適合，也覺得把自己放在第一線，才能真正發揮我的功能。

「讓仁輔放在適合他的位置，也許他沒有學位，沒有專業能力和專長，只要放對了位置，他就會發光發熱，造福人群。」

什麼是最適當的位置，這是沒有人可以預知的，只有不斷的嘗試，我們和孩子才會了解自己最不適合和不喜歡的事，而且慢慢的我們就會發現，做適合我們做的事，也沒有那麼大的困難。

「請多給仁輔賞識、支持和肯定，讓他繼續做一個永不放棄努力的人，他一定會擁有信心、毅力和勇氣，面對他人生的各種考驗。」

仁輔國中多讀了一年，高職多讀了兩年，找工作的過程中遇到許多的波折，最後是爸媽透過層層關係，終於幫他找到了一份他很喜歡的汽車美容工作。

期間，別人要學兩年才能精通的技術，他花了五、六年，然而現在的他不僅是公司技術最好的師傅，還是老闆最信任的人，老闆還主動把公司股份分給了他，讓他成為股東之一。

當我再遇到媽媽，重提當時她擔心的往事，她這樣的告訴我：「傻人有傻福，有仁輔這樣的孩子，我們非常滿意和感恩。」

我心中突然浮現有次到教堂，牧師告訴我的話，我提出來和媽媽分享：

「為什麼要為未知的明日擔心呢？上帝已為你準備好所有，勇敢的跨步向前進吧！」

真好！生命總是給努力的人，享用最甜美的一切，不過一切的美好，都是要有顆珍惜和感恩心的人，才能品嘗到。

仁輔，感謝有你，讓我更加有信心去分享生命中的祝福。

關鍵小語

誰知道下一片刻我們會有什麼遭遇呢？誰又知道現在的我們未來又會什麼改變呢？

每一個人都可以理解生命一定充滿著許許多多的意外和我們想像不到的事，但不論發生什麼樣的事，只要我們珍惜每一個學習的機會，完全的信任，一切都會是上天最好的安排。
感謝有你，也有我，這個世界才會有著如此豐富的色彩！

國家圖書館預行編目資料

教養危機 / 盧蘇偉著. -- 初版. -- 臺北市 : 寶瓶文化, 2008.03
面 ; 公分. -- (Catcher ; 18)

ISBN 978-986-6745-26-3(平裝)

1. 親職教育 2. 親子關係

528.8 97004323

Catcher018

教養危機

作者／盧蘇偉

發行人／張寶琴
社長兼總編輯／朱亞君
主編／張純玲
編輯／羅時清
外文主編／簡伊玲
美術主編／林慧雯
校對／羅時清・陳佩伶・余素維
企劃副理／蘇靜玲
業務經理／盧金城
財務主任／歐素琪 業務助理／林裕翔
出版者／寶瓶文化事業有限公司
地址／台北市110信義區基隆路一段180號8樓
電話／(02)27494988 傳真／(02)27495072
郵政劃撥／19446403 寶瓶文化事業有限公司
印刷廠／世和印製企業有限公司
總經銷／大和書報圖書股份有限公司 電話／(02)89902588
地址／新北市五股工業區五工五路2號 傳真／(02)22997900
E-mail／aquarius@udngroup.com

著作完成日期／二〇〇八年一月
初版一刷日期／二〇〇八年三月二十七日
初版五刷一次日期／二〇一三年九月二十七日
ISBN／978-986-6745-26-3
定價／二七〇元

寶瓶文化事業

愛書人卡

感謝您熱心的為我們填寫，
對您的意見，我們會認真的加以參考，
希望寶瓶文化推出的每一本書，都能得到您的肯定與永遠的支持。

系列：Catcher018　**書名：教養危機**

1. 姓名：＿＿＿＿＿＿　性別：□男　□女
2. 生日：＿＿年＿＿月＿＿日
3. 教育程度：□大學以上　□大學　□專科　□高中、高職　□高中職以下
4. 職業：＿＿＿＿＿＿
5. 聯絡地址：＿＿＿＿＿＿＿＿＿＿＿＿＿＿
   聯絡電話：＿＿＿＿＿＿　手機：＿＿＿＿＿＿
6. E-mail信箱：＿＿＿＿＿＿＿＿＿＿
   □同意　□不同意　免費獲得寶瓶文化叢書訊息
7. 購買日期：＿＿年＿＿月＿＿日
8. 您得知本書的管道：□報紙／雜誌　□電視／電台　□親友介紹　□逛書店　□網路
   □傳單／海報　□廣告　□其他
9. 您在哪裡買到本書：□書店，店名＿＿＿＿＿　□劃撥　□現場活動　□贈書
   □網路購書，網站名稱：＿＿＿＿＿　□其他＿＿＿＿＿
10. 對本書的建議：（請填代號　1.滿意　2.尚可　3.再改進，請提供意見）
    內容：＿＿＿＿＿＿＿＿＿＿
    封面：＿＿＿＿＿＿＿＿＿＿
    編排：＿＿＿＿＿＿＿＿＿＿
    其他：＿＿＿＿＿＿＿＿＿＿
    綜合意見：＿＿＿＿＿＿＿＿＿＿＿＿＿＿
11. 希望我們未來出版哪一類的書籍：＿＿＿＿＿＿＿＿＿＿

讓文字與書寫的聲音大鳴大放

寶瓶文化事業有限公司

（請沿此虛線剪下）

廣　告　回　函
北區郵政管理局登記
證北台字15345號
免貼郵票

寶瓶文化事業有限公司　收

110台北市信義區基隆路一段180號8樓

8F,180 KEELUNG RD.,SEC.1,

TAIPEI.(110)TAIWAN R.O.C.

（請沿虛線對折後寄回，謝謝）